だいわ文庫

京都妖界案内

佐々木高弘
小松和彦＝監修

大和書房

はじめに

このところ、不可思議な現象が起きている。人々の怪異や妖怪に向ける関心が、異常に高くなったことだ。

映画や小説、マンガなどで楽しむのはわかる。妖怪画を愛《め》でるのも理解できる。だが、最近の私たちの関心は、どうもそれだけでは飽き足りないらしい。実際に怪異・妖怪に遭遇《そうぐう》するために、それらを探索する旅に出たいようなのだ。

それにともなって、もう一つ妙なことが流行っている。古地図を見ながら町歩きをすることだ。小説やマンガを読んでいるだけでは満足できない。古地図を見ながら、じかにその場所へおもむいて、空想世界にたっぷりと耽《ふけ》りたいのだ。

京都を歩いていて、街中で観光客とすれ違わない日はない。彼らの手元には、だいたいガイドブックがある。最近では、スマートフォンや携帯の電子地図に変わりつつあるが、その目的は同じだろう。

一方で、スマートフォンではなく、古地図を持ち歩いている人との遭遇率も確実に上がった。彼らの目的は、従来の観光旅行ではなく、魔界探索にあるのかもしれない。時には地元民も行かないような忘れ去られた土地、古く寂れた場所を訪れて、怪異との遭遇に思いを馳《は》せているようにも思える。

もうかつての、添乗員が旗を持って団体で行くバスツアーは時代遅れだ。趣味や気の合った数人の仲間で、誰も体験したことのない旅をしてみたい。少し教養が身につき、少し心が躍るような旅がしたいに違いない。それには、たしかにガイドブックではなく、古地図が最適な供となる。

といって、いったいどうすればいいのか、その方法がわからない。そう思っている人がほとんどだろう。古地図があれば、行きたい場所には行けるかもしれないが、それで終わりだ。従来の観光旅行と、何も変わらない。

いや、そもそも怪異との遭遇や魔界探索を熱望していても、どこに行けばいいのかわからないという方もいるはずだ。

そこで本書の登場である。本書が目指すのは、京都の魔界を探索するためには何をすればいいのか。どのようなスポットに行けばいいのか。怪異にはどのようなものがあるのか……。観光地ではなく、魔界という顔の京都を探索するために必要な、一から十までを紹介しようとするものである。

ぜひ本書を片手に、京都を歩いてほしい。テレビや映画で思い描いた怪異の世界を身近に感じられるはずだ。怪《あやかし》の気配にふと顔を上げれば、いつの間にか魔界に足を踏み入れた自分に気づくだろう。

二〇一二年五月

佐々木高弘

京都妖界案内 目次

はじめに――3

序章 異界への案内 小松和彦

千年の時を超えた異界観――14
先人たちの幻想した京都とは――16
入れ子構造になっている空間――19

第壱章 怪異と遭遇するために

妖怪は特定の場所に出現する――24
姿と形を変えた怪異地に潜むもの――28
古地図は時代の変化を語る――32

第弐章 土蜘蛛を追いかけた天皇

源頼光が斬った美女の正体 —— 38
都の北端より北にあった蜘蛛塚 —— 42
妖怪ハンターの痕跡は何処に —— 47
フィクションから現実の舞台へ —— 51
怪異の場所が異なるのは何故か —— 54
神武以来の天皇家の仇敵 —— 56
敗走する土蜘蛛、終焉の地は —— 59
妖怪譚と神話の思わぬ類似性 —— 61

第参章 人と鬼との邂逅

平安京に蠢く鬼たち —— 66
死者の魂を弄ぶ者 —— 68
鬼の棲む朱雀門の跡地へ —— 73

琵琶の音に誘われて…… 78
絵から抜け出た怪異 81
鵺を射抜く源頼政 84
境界線に出没する物の怪 86
魔界の住人が使った出入り口 87
冥界の使い魔への饗応 88

第四章 魔界に通じる道は何処に

鬼が来た道を辿ると 92
一条戻橋での決闘 96
川底の渦が魔界への入り口か 100
平家の滅亡を予言した式神 104
京の鬼門と安倍晴明の深い関わり 106
幽谷の鞍馬に足を踏み入れると…… 110

天狗の国を訪れた義経 112
貴船は先住民たちの神々 115
地下水路が現世と鬼の国を結ぶ 117
千年前から怪奇の舞台だった深泥池 120

第五章 疫病神から都を守る人々

酒呑童子を斬った武士たち 124
北東に陰陽師、北西に源氏 128
不動明王が流した血の涙 132
もう一つの魔界は都の東端に 136
祇園社に祀られた牛頭天王 137
連動する道祖神たち 141
サエノカミは男女で一組 146

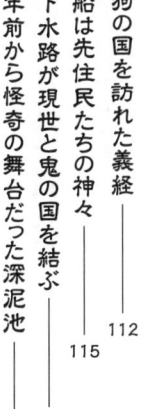

天王山に祀られたスサノオ――149

第六章 都へ帰る怨霊たち

内なる魔界に秘められた怨霊――154
天皇は本当に祟りを恐れたのか――158
神泉苑でおこなわれた御霊会――161
怨霊と化した菅原道真――165
鎮まぬ怨念は清涼殿へ――168
雷を落とした天神の眷属――170
計画的な魔界都市建設――172
皇族から政権を奪った誓い――176

第七章 天狗の世界を覗くと

何が人を天狗とするのか――182

侍の武威を誇示する愛宕山——186
気がつけば平安京の跡地へ——190
僧侶たちが天狗となる理由——192
四百年前の守護者が天狗に——196
天台宗の分裂で生まれた怨霊——201
古地図が示す東寺の存在意義——205
すべてが魔界京都へと帰結する——210

第八章 百鬼夜行の到来

庶民を魔界に引きずり込む古道具——214
捨てられた恨みを晴らすべく……——216
付喪神が陣取った長坂とは何処か——218
化け物から身を守る尊勝陀羅尼——224
百鬼夜行と邂逅した男——229

白川から一条大路への夜行――232
鎌倉末期に魔界化した東山――235

序章

異界への案内

——小松和彦

『十訓抄』より

千年の時を超えた異界観

私が京都の町歩きを始めたのは、信州大学から大阪大学への転勤にともない、関西に移り住むことになった三十五歳のときからである。

町歩きをするにあたって、一つの方針を立てることにした。「私の京都」をつくり上げるための町歩きをする、ということであった。誰もが知っているような名所旧跡をなぞり歩くのではつまらない……。

そこで思い立ったのが、私が愛読していた説話集、たとえば『今昔物語集』や『宇治拾遺物語集』などのなかに語られている京都を、その物語を体感するようなかたちで町歩きをすることであった。

そのころの私は、陰陽道やその達人の安倍晴明《あべのせいめい》に興味をもっていた。まだ陰陽道ブームが来る遥か前のことである。

たとえば『今昔物語集』の巻二十四第十六「安倍晴明、忠行《ただゆき》に随ひて道を習へる語」に「この晴明が家は土御門《つちみかど》より北、西の洞院《とういん》よりは東なり」と語られていた。

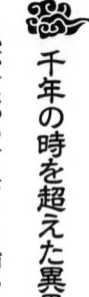

そこで、この記述を手がかりに、そのあたりに出かけてみることにした。その場所は、現在の京都ブライトンホテルの南側にあたる。もちろん、そこに行ったからといって、晴明の痕跡《こんせき》があるわけではないことはわかっていた。

しかしそこは、それまで文字の上でしか知らなかった場所である。ということは「土御門より北、西の洞院よりは東」という住所の文字を見たところで、何らその現地のイメージを思い浮かべることができないことを意味していた。

この状態をなんとか解消する方法として、現地訪問を思い立ったのであった。そして、現地訪問という経験をもつことで、私の頭の中に、この地にあった晴明の家のイメージを想像することができるようになった。

あるときは、二条城《にじょうじょう》の南や西、神泉苑《しんせんえん》の北の大通あたりを歩いてみた。ここは本書の第壱章でも紹介されている右大臣の若君が、鬼の一団と遭遇したというところである。

若君は、西の大宮通を上ってくると二条通に入って東に進み、大内裏《だいだいり》の南の美福《びふく》門の前、神泉苑の北門をとおっていたとき、東の大宮通の方面からやってきた「百《ひゃっ》鬼夜行《きやぎょう》」（鬼の一団）と遭遇したのである（『今昔物語集』巻十四第四十二「尊勝陀羅尼《そんしょうだらに》の験力に依《よ》りて、鬼の難を遁《のが》れたる語」）。

興味深いことに、こうしたことを積み重ねていくうちに、特定の場所が別の特定の場所と結びつき、やがてそこから、京都の人々が抱いていたコスモロジーあるいは異界観とでもいうべきものが、次第に浮かび上がってきた。

点が線になり、線が面になり、さらには面が立体になり、それに時間を加えることで、京都の町が私の頭の中で躍動し始めたのである。

先人たちの幻想した京都とは

周知のように、京都は中国の都をモデルにして、鴨川と桂川のあいだの平坦地に計画的につくられた都市であった。

この世とあの世（異界）とがもっとも意識されたのは、都城（洛内《らくない》）と都城の外（洛外）であって、南は羅城門《らじょう》が立つ九条通、北は内裏の北の一条通、東は東の京極通、西は西の京極通に囲まれた内部が洛内、その外側が洛外であった。

しかし、右京にあたる地域が湿地であったこともあって、都の中心が次第に左京のほうに移動していった。

また、京都のコスモロジーを考えるにあたって、その留意点の一つは、この都の建設にあたり、中国の「風水説」にも配慮がなされ、とくに都の東北が「鬼門」として、忌避《きひ》の方角とされたことである。鬼に象徴される邪悪なものは、鬼門の方角からやってくると考えられていたのである。

したがって、前述の若君が遭遇したという「百鬼夜行」も、洛外の鬼門の方角からおそらく一条通に入り、東の大宮通を南下し、さらに二条通で西に折れて進んでいたのであろう。

もう一つ、京都のコスモロジーを考えるにあたって考慮したいのは、異界への境界は幾重にも張り巡らされていることである。農村などでは、村境、辻、屋敷の門、家の戸口などが異界との境界として認識される。これと同様に、洛中の辻や門が異界との境界ともなっていた。というよりも、境界と認識されるような地形や施設があれば、たちまちのうちに、そこは異界の入り口となるのである。

京都は、千二百年もの歴史をもつ都市である。遷都《せんと》以来、京都にまつわるさまざまな出来事や伝承が、多くの書物や絵画に記し描かれてきたところでもある。しかも、その中には京都の「異界観」を物語る資料もたくさん残されている。したがって、それを拾い集めることで、当然のことながら、京都の異界観が浮かび上がってくるはずなのである。

しかし、奇妙なことに、当時はそうした観点からの組織的な京都論がなかった。そのことに気づいた私は、いまから十年ほど前に「私の京都」探しの町歩きの記録を一書にまとめた。それが『京都魔界案内』(光文社)であった。「京都異界案内」と題してもよかったが、「私の京都」は「夜の京都」「闇の京都」「妖怪・魔物の京都」であったこともあって、いささか刺激的な「魔界の京都」とした。

「雅の京都」というイメージを壊す悪書とみなされて、罵倒《ばとう》され、無視される覚悟であった。もっとも、批判に対しては、それなりの予防線も張っておいた。それは「私の幻想した京都」ではなく、「先人たちの幻想した京都」であることを示す文献資料に依拠《いきょ》することに留意した。

私の仕事は、そうした先人たちの幻想した京都を、今日によみがえらせることであった。「私の京都」は「先人たちの幻想した京都」に共感することであって、「私の幻想した京都」ではないのだ。

入れ子構造になっている空間

幸いにして、この『京都魔界案内』は、多くの方に好意的に迎えられた。本書の著者の佐々木高弘氏もまた、これに敏感に反応してくれた一人であった。

佐々木氏は、人文地理学者である。つまり、空間の意味を地形や人家の配置などから読み取っていく研究者である。佐々木氏は拙著を片手に、地理学者としての知識を活かした町歩きをされていた。佐々木氏なりの「私の京都」の発見に向かっていったのである。

その際、彼がもう片方の手に携えていたのが、さまざまな時代の京都の地図つまり「古地図」であった。現在の京都地図の上に、幾重にも古地図を重ね、京都の景観とその変動、とりわけ現世と異界にまたがる境界の所在地とその変動について、あるいは多様な異界配置などの意味を読み解くことで、これまで気がつかれなかった京都が見えてくるのではないか、と。

やがて、彼は「彼の京都」の読み解き方を見出した。本書で彼が明らかにしてくれているように、京都のコスモロジーは、邪悪なものの侵入と排除が「循環構造」をもっているかのように語られてきた、ということであった。

つまり、京都の支配者たちによって排除された妖怪変化の類は、いったんは京都の外に排除されたとしても、長短さまざまな遍歴《へんれき》を経て戻ってくるというのである。別の言い方をすれば、京都のコスモロジーは、たえず邪悪なものと戦い、これを退治し、祓《はら》い捨てるだけではない。この退治・排除のメカニズムを発動・維持するために、新たな邪悪なものを探し求め、それを創り出してきたのであった。

この佐々木氏が指摘する「循環構造」で重要なことは、異界は「入れ子構造」になっているということである。

京都という大きな空間には現世と異界があり、その中に収められた幾多の箱のそれぞれにも現世と異界が配置され、都の中枢部である大内裏という箱にも、やはり現世と異界が配置されている、ということである。

そして、この入れ子をさらに追及していくと、京都の人々、一人ひとりの心の内部にある現世と異界にまで至るようである。

こうして、佐々木氏は、夢枕獏の『魔獣狩り』ふうにいえば、京都という空間の探索者、いわばスペース・ダイバーとして出発したが、気がつけば京都の人々の心性の探索者、サイコ・ダイバーとなっていたのである。

詳しくは、本書を紐解くことで明らかになるはずである。

第壱章

怪異と遭遇するために

『江戸怪談集（上）』より

妖怪は特定の場所に出現する

古地図を持って京都を歩けば、たしかに昔年の雰囲気を味わいながら目的地に着くことができるかもしれない。だが「はじめに」でも書いたように、到着することが目的なら、そもそも普通のガイドブックで充分である。

せっかく古地図を手に魔界・京都を歩くなら、怪異と遭遇することを目的としたいはずだ。そのためには、ただその場所に行くだけでは足りないし、むやみやたらに町を徘徊《はいかい》しても疲れるだけである。

しかし、最初からあれもこれもと欲張ってはいけない。まずは古地図で目的地をめぐれるようになる必要がある。単に行くだけでは足りないが、行かなくては始まらないというのも事実だ。

民俗学の権威である柳田國男も『妖怪談義』の中で言っているように、怪異・妖怪は特定の場所に出現するものである。怪異に遭遇したければ、その場所へおもむかねばならない。

そのためには、怪異と遭遇できる場所を知っておかねばならない。京都に行ってから探す手もあるが、これは効率が悪いのでお勧めできない。前もって知識がある方なら問題ないかもしれないが、京都といったら有名な観光地ぐらいしか知らないという方は困るだろう。

ここはやはり、書物からの情報集めが一番だ。とくに先人が体験した怪異談をまとめた文献がいい。なかには、その出来事が生じた詳しい場所や経緯も書かれているものもあるし、当時の行政が発行したものもある。

時間がある人は図書館に行ってみよう。江戸時代の怪談集や随筆の類だったら、探せば意外とあるものだ。京都に関していえば、平安時代の説話集があったりする。さすがは千二百年の歴史を誇る古都である。

とはいっても、実際に図書館に足を運ぶほど時間のある人も、そうはいないだろう。ここでいくつか文献を紹介しておく。

たとえば岩波文庫の『江戸怪談集（上）』だ。この本には、延宝《えんぽう》五（一六七七）年に出された『宿直草』が収録されており、この『宿直草』は『御伽物語』として、のちに改題出版されている。江戸時代を通じて読み継がれた代表的な怪談集だ。そこに「誓願寺《せいがん》にて鬼に責めらるる女の事」と題する話がある。

宇治の山伏《やまぶし》が毎晩、誓願寺へ祈願に参っていると、同じように五十歳くらいの女もやってくる。山伏は熱心なことだと感心していた。ところが御堂で通夜していると、なんと夜中に鬼が五匹、その女を連れてやってきた。何事かとのぞき見すると、鬼たちは堂の庭で女の髪の毛、手足四本を引っ張って火あぶりにしている。女と鬼たちは暁を告げる鐘の音とともに忽然《こつぜん》と消えた。

この鬼の出没した誓願寺は、今も京都の新京極にある（写真1）。であるなら、そこへ行って一晩潜んでいれば、同じ怪異に遭遇できるかもしれない。ただし、このような場所のリストアップは、一ヵ所では心許《もと》ない。いくつか調べておき、ちょっと手間はかかるが、一覧表みたいなものを作成して地域ごとに探索すると、効率的に怪異地をめぐれるはずだ。結果的に、時間の節約にもつながる。

写真1　現在の誓願寺は、京都の繁華街の中にある。
かつては怪異が潜んでいた場所も、今はコンクリートで固められた清潔で明るい、そしてにぎやかな空間に変わっていることが多い。
この誓願寺も、往年の怪しげな雰囲気はどこにもない（著者撮影）

姿と形を変えた怪異地に潜むもの

しかし実際その場所に行ってみると、がっかりすることが多い。なぜなら、かつては怪異が潜んでいた場所も、今はコンクリートで固められた清潔で明るい、そしてにぎやかな空間に変わっていることが多いからだ。そこには、怪しげな雰囲気の入り込む隙間などまったくない。

先の誓願寺は現在、京都の繁華街にある。写真1を見てもらえればわかるが、鬼の出るような匂いも音も気配も何もしない。しかし先人たちが、この寺を怪異の生じる場所と伝えたかった理由が何かあるに違いない、と私は考えている。

では、どうすれば先人の伝えようとしたメッセージを解読できるのか。そこで古地図の出番になる。たとえば江戸時代に起きた怪異なら、江戸時代の古地図があれば当時の場所の状況が明らかになる。

図1は承応《じょうおう》三（一六五四）年の京都の古地図「新板平安城東西南北町并洛外之図」である。先の『宿直草』が延宝五（一六七七）年であるから、少し前の時代だ。

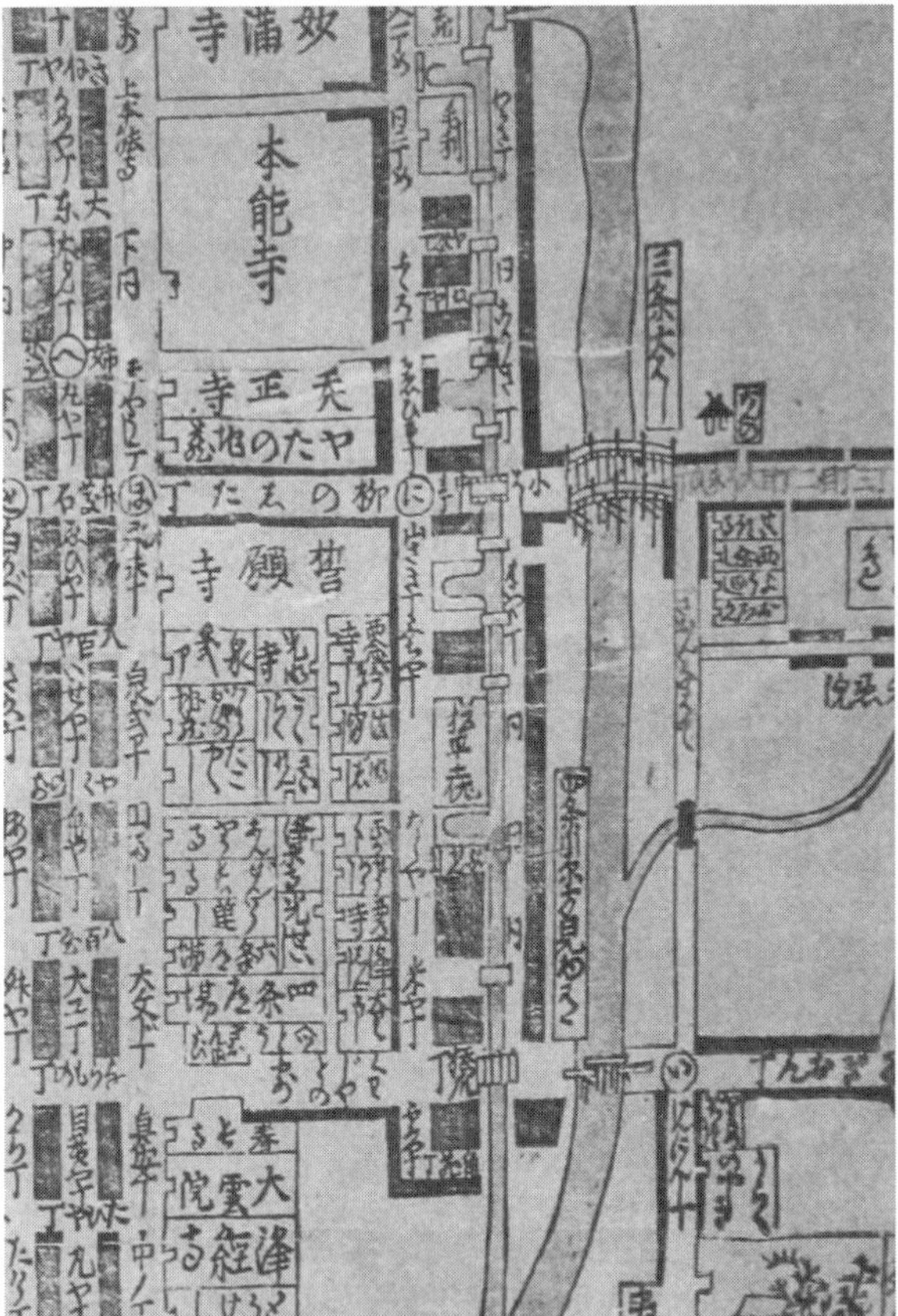

図1　江戸時代（承応３年）の古地図。誓願寺は中央よりやや左上にある

生じた怪異が記述されて出版されるのに、少々時間がかかるのだから、時代的にもちょうどいいだろう。

図2を見ると、江戸時代の京都の町の形が現在のそれとはまったく異なっていたことがわかる。そして誓願寺が、当時の京都の東の端に位置していたことも。

つまり写真1にあるように、現在、京都でもっともにぎやかな繁華街の一つにあるこの寺が、かつては都市の縁辺部にあったことになる。一歩出ると、そこは町の外で寂しい場所だったのだ。

平安時代の京都にも鬼や妖怪は出現したが、出没地はやはり都市の縁辺部に集中している。こうやって見てみると鬼や妖怪たちは、人間の居住区とその外部地域の境界に出ていたことがわかるだろう。つまり魔界の出入り口がここにあったのだ。

そう考えると、やはり古地図のみを持って歩くのは難しい。目指す場所が現在の都市空間のどこにあるのか、特定しづらいからだ。そこで、怪異探索の町歩きをする前に、現代の地図に古地図の情報を落とし込んでおくことをお勧めする。

何も専門的な技術は必要ない。古地図の情報を現代の地図に写すことによって、

図 2　現代の京都と比較すると、江戸時代の京都の町は舟を立てたような形をしていた。右の星印が誓願寺（足利健亮編『京都歴史アトラス』中央公論社、86 頁より）

地理感覚が身につく。実際に町歩きをする段階になって、スムーズに探索行動をすることができるのだ。

なぜ、そこで怪異が生じたのかも、ある程度察することができるようになる。図2は現代の京都の地図に、江戸時代の京都の町の外枠を実線で示し、比較したものだ。この図を横にしてみてほしい。舟のような形になるのが、江戸時代の京都だ。

じつはこの江戸時代の京都の外枠は、豊臣秀吉《とよとみひでよし》がつくった御土居《おどい》と呼ばれる城壁である。今でも何ヵ所かで残っている。この御土居と京都の魔界は何か関係があるかもしれない、と思って歩くだけでも、今までの旅とひと味違ってくる。

古地図は時代の変化を語る

ここでもう一つ事例を紹介しよう。これまた岩波文庫の『今昔物語集 本朝部』巻十四の第四十二「尊勝陀羅尼の験力に依りて、鬼の難を遁れたる語」に記されている怪異譚である。

平安時代の延喜《えんぎ》年間（九〇一～九二三年）のことだ。藤原常行《ふじわらのつねゆき》という容姿のすぐれた右大臣の息子が、西三条の自宅から夜中、左京に住む愛人のもとへ、数人の召使いを連れて馬で出かけていった。親は「夜行」を恐れて、息子の外出を留めようとしたのだが……。

大宮登りに出でて東ざまに行きけるに、美福門の前の程を行くに、東の大宮の方より多の人、火を燃《とも》して喤《のの》て来《きたる》。若君此《こ》れを見て云《いわ》く、「彼れ何人の来るなるらむ。何かに可隠《かくるべ》き」と。小舎人童《こどねりわらわ》の云く、「昼《ひ》る見候つれば、神泉の北の門こそ開《ひらき》て候ひつれ。其《そ》れに入て、戸を閉て、暫《しばら》く御《おわし》まして令過《すぐさし》め給《たま》へ」と。若君喜び馳て、神泉の北の門の開たるに打入て、馬より下《おり》て柱の本に曲《かが》り居ぬ。

其の時に、火燃したる者共過ぐ。「何者ぞ」と戸を細《ほ》そ目に開て見れば、早う、人には非《あら》で鬼共也けり。

常行は西大宮大路を北上し、二条大路を東へと向かっていた。そして朱雀《すざく》門の東にある美福門の前で、明々と火を燃やして罵《ののし》りながらやってくる行列に出会う。召使いが神泉苑の北門が開いていることを昼に見ていたので、そこに隠れることにする。そこで何者がとおるのか見ていると、人ではなく鬼どもであった。

この鬼に遭遇した神泉苑は今もあるが、当時の神泉苑を古地図で見てみると、やはり現在と平安時代では神泉苑の規模が違っている。平安時代は今のよりも、もっと広大であった。つまり、この北門は今と同じ場所にあるわけではないはずだ。

このことを確かめるには、古地図のほかに平安京の復原図が必要になる。図3はその復原図だが、それによると神泉苑はもっと北にも広く、現在の二条城の内堀あたりが北門のあった場所となる。

これを知らずに、現在の神泉苑を平安時代のものとして紹介しているガイドブックも見受けられる。だが、実際には違う。平安時代、ここで鬼の行列が目撃されたのだ。そう思うと、二条城の内堀も少しは違って見えるだろう。

古地図を反映させた現代地図を持って京都を歩くと、時代によって京都の姿が変容していったのだということがわかる。

かつて平安京のあった都も徐々に姿を変え、戦国時代には荒廃《こうはい》したが、豊臣秀吉

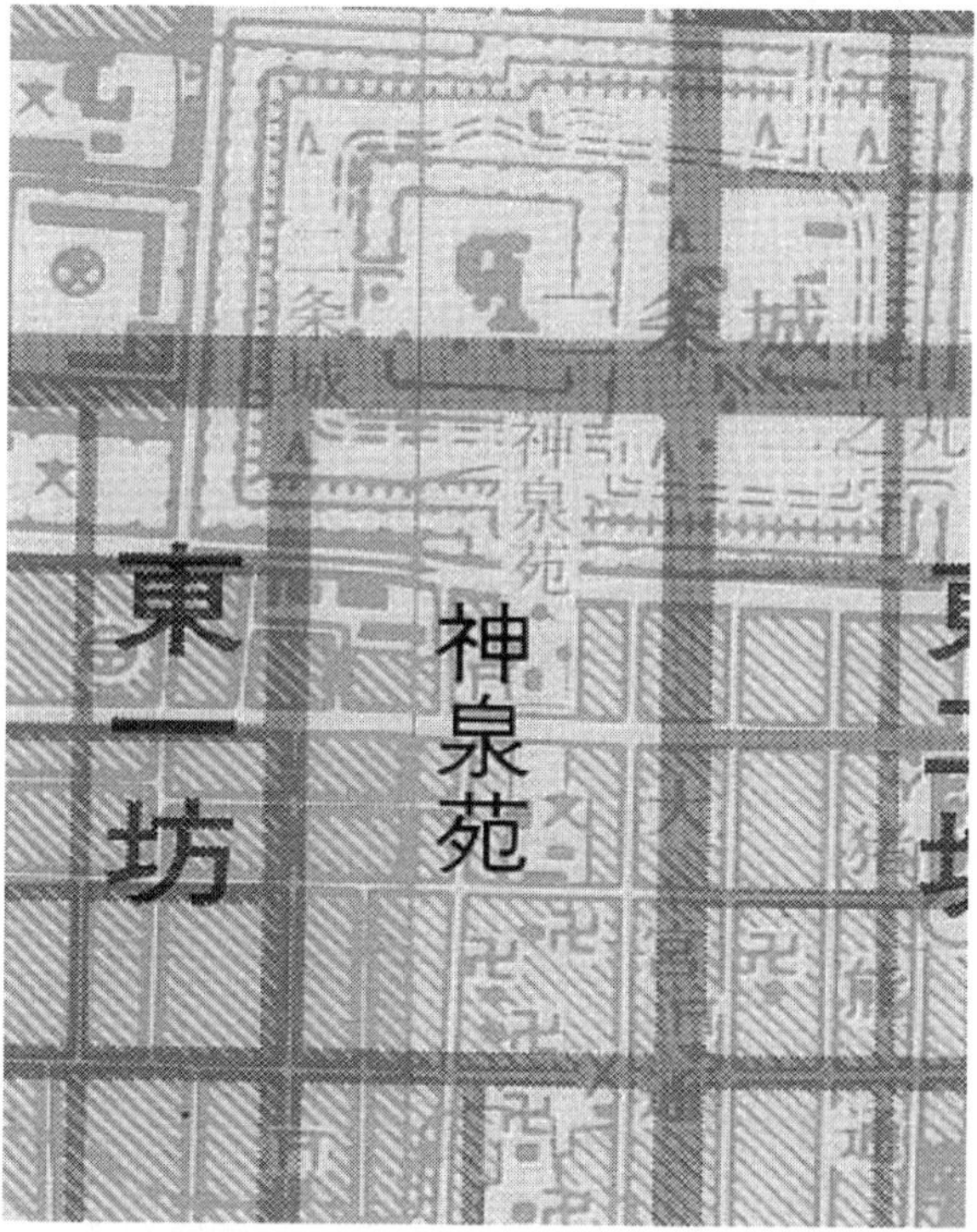

図 3　平安京の復原図で見ると、神泉苑の北門は現在の二条城の内堀あたりにあった（『京都歴史アトラス』30 頁より）

が御土居をつくって町を整えた。しかし徳川の時代になって二条城が築城され、神泉苑の北門は内堀の中に消えてしまったのだ。

古地図を念頭において京都を歩けば、怪異の生じた場所が町の変化を経験していることに気づく。もしかしたら、怪異と時代の変化は、どこかで結びついているのかもしれない。

第弐章

土蜘蛛を追いかけた天皇

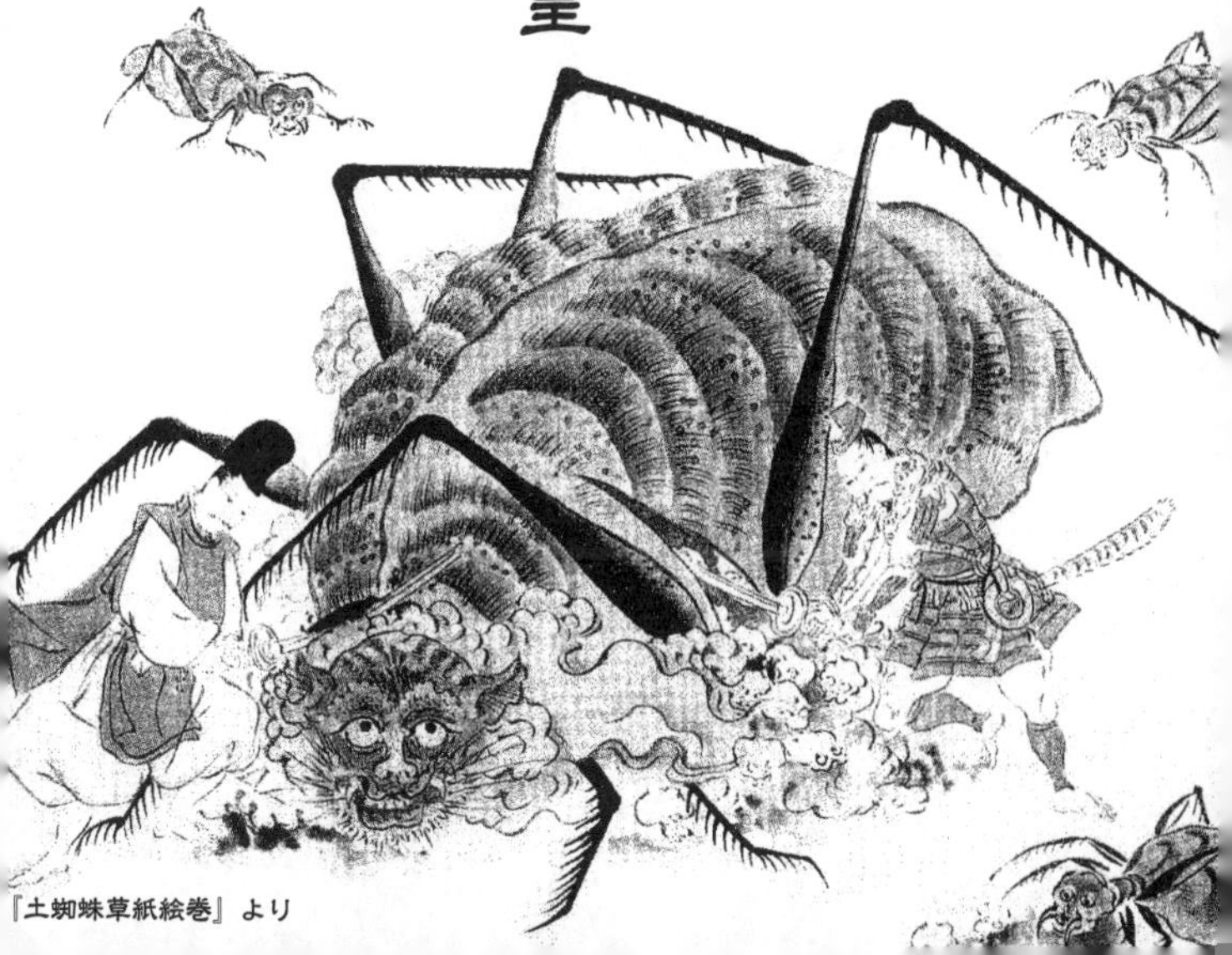

『土蜘蛛草紙絵巻』より

源頼光が斬った美女の正体

古の都・京都には、怪異のあった場所、妖怪が目撃された場所が多く報告されている。なかでも有名な妖怪が土蜘蛛《つちぐも》であろう。この土蜘蛛が巣食っていた塚が蜘蛛塚であり、かつて京都に三つもあったとされる。

しかし、蜘蛛塚は二つだけとする書物もある。

江戸時代の天明《てんめい》七（一七八七）年にヒットした名所案内『拾遺都名所図会《しゅういみやこめいしょずえ》』によると、その場所は「七本松通一条の北西側の畑の中の塚のことで、昔ここに大きな土蜘蛛が住んでいた」と書かれている。

もう一つは頼光塚《よりみつづか》と呼ばれ、同書によると「船岡山《ふなおか》の南西」とある。

では、三つ目はどこにあるのか。それは勉誠出版の『京都異界の旅』（志村有弘編著）で紹介されている。同じく江戸時代の元禄《げんろく》五（一六九二）年に出版された浅井了意著『狗張子』にある蜘蛛塚だ。それによると「五条烏丸《からすま》の大善院《だいぜんいん》」とある。

このように、時が経つにつれて、いつの間にか忘れ去られてしまった場所も存在する。同じ江戸時代の書物でさえ、このようなことがあるのだ。現代のガイドブックも誤情報が多いし、肝心な記述が抜けていることもあるので気をつけたい。

三つの場所があるように、蜘蛛塚にまつわる話も大きく分けて三つある。うち一つは『平家物語』の「剣巻」に記されている物語で、おおよそ次のような話である。

源頼光が病で臥《ふ》せているときに化け物が現れた。化け物が病床の頼光を網で巻こうとしたので、頼光は枕元に置いていた名刀・膝丸を抜き、化け物を斬《き》った。頼光が化け物からこぼれ落ちた血をたどると、それは北野の塚穴まで続いていた。掘ってみると蜘蛛が出てきたので、鉄で串刺しにしてさらした。それから膝丸を「蜘蛛切」と名づけた。

もう一つは鎌倉時代後期、十四世紀前半の『土蜘蛛草紙絵巻』である。

源頼光が、郎党の渡辺綱《わたなべのつな》と蓮台野《れんだいの》を歩いていると、髑髏《どくろ》が空を飛んでいるのを目撃する。二人があとを追うと、髑髏は神楽岡《かぐらおか》の廃屋《はいおく》に入っていった。するとその廃屋から、さまざまな妖怪が現れてきた。だが、二人は動じなかった。

明け方、美女が現れて、鞠《まり》ほどの白雲のごときものを頼光に投げつけてきた。頼光がとっさに刀で斬りつけると、白い血が流れ出た。

その血の跡をたどっていくと、西の山を分け入ったところの洞穴に至った。土蜘蛛がいたので退治すると、傷口からたくさん死人の首が出てきた。さらに無数の小蜘蛛も出てきたので、穴を掘って埋葬《まいそう》した。

この武勇譚が帝に聞こえ、頼光は摂津守《せっつのかみ》に、綱は丹波守《たんばのかみ》に叙《じょ》せられた。

この絵巻は、中央公論社の「続日本の絵巻26」にあるので、興味のある方は近くの図書館で見ておくといい。図1は『土蜘蛛草紙絵巻』に描かれた土蜘蛛である。

これらに似た話は、そのほかにも別の系統の絵巻や謡曲にもある。

三つ目は先の『狗張子』にある話だが、時代も内容もまったく違うので、これはまたのちほど紹介することとしよう。

図１　『土蜘蛛草紙絵巻』に描かれた土蜘蛛。鬼の顔、虎の胴体、蜘蛛の脚を持つ巨大な化け物。
京の都に現れた大蜘蛛を源頼光と渡辺綱が斬ると、脇腹から無数の小さな蜘蛛が出てきたという

都の北端より北にあった蜘蛛塚

この二つの物語に出てきた土蜘蛛の棲家《すみか》、あるいは埋葬地は、じつはガイドブックなどですでに地図とともに示されている。しかし、今これら塚のある場所に行っても、町の様子が変わっているので、当時の場所の状況はわからない。

また、今ある蜘蛛塚（『平家物語』）、頼光塚（『土蜘蛛草紙絵巻』）の両方とも、別の場所から移動されているのだ。したがって、本当の魔界に通じる場所を探るには、古地図を見なければならない。

まずは七本松通一条北西側にあったとされる蜘蛛塚から見てみよう。先の『拾遺都名所図会』には、この蜘蛛塚の絵が載っている（図2）。

次に古地図で七本松を探してみよう。次頁の図3は、寛保《かんぽう》元（一七四一）年の「増補再板京大絵図乾」である。図の中央あたりをよく見てほしい。七本松の地名が七本の松とともに、じつにわかりやすく描かれているではないか。

七本松通を挟んで向かいにあるのが清和院《せいわいん》で、両図とも描かれているのがわかる。

図 2　江戸時代（天明 7 年）に描かれた「くも塚」（図の左下）。道を挟んで鐘撞き堂のある敷地が清和院である（『拾遺都名所図会』臨川書店、47 頁より）

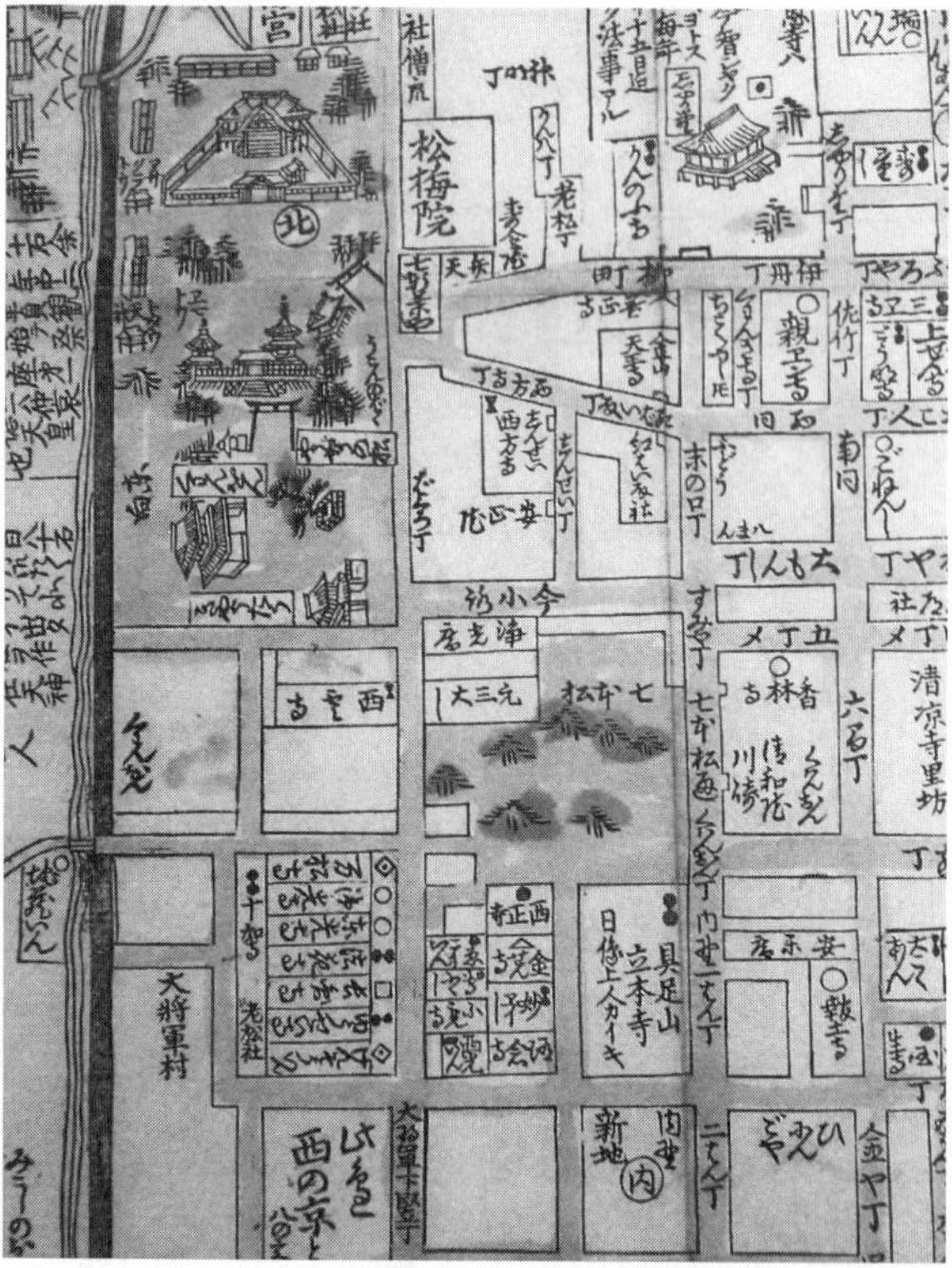

図3　江戸時代（寛保元年）に描かれた七本松。図の中央に七本の松が地名とともに描かれている。図の左端にある太い線が御土居。したがって七本松は江戸時代、市街地の西端にあった

『拾遺都名所図会』では、右隣のページに清和院と表記されている。図2では道を挟んで「くも塚」の向かいにある鐘撞《かねつ》き堂のある敷地が清和院だ。

今度は、現在の地図でこの場所を探してみよう。大都市の市街地は多くの場合、国土地理院が発行している一万分の一地形図があるので、これがもっとも便利でわかりやすい。

次頁の図4は、現在の七本松の状況である。だが、やはり都市化が進み、多くの住居が建て混んでいるのがわかるだろう。

これでは七本松どころか、当時の場所の雰囲気はまったくわからない。したがって古地図を見る必要があるのだ。

古地図で見ると、江戸時代この地は市街地の西端であった。さらに時代を遡《さかのぼ》り、かつて平安京のあった場所を確認してみると、興味深いことがわかってくる。この地は安嘉門《あんかもん》（第参章の図4）の北に位置しているではないか。

安嘉門は大内裏の北にあった門だから、門のさらに北側は都の外ということになる。なぜなら大内裏は、平安京の北端にあったからだ（第参章の図5参照）。

図4　現代の七本松通周辺（1万分の1地形図「太秦」）。平安京の北端にあった安嘉門よりさらに北にある

つまり平安時代からこの場所は、人々の居住区の縁辺部にあったということになる。第壱章で紹介した誓願寺を思い出してほしい。たしか誓願寺も、市街区の縁辺部であったことを。

この蜘蛛塚は、明治の市街地拡大にともなって掘り出され、そこから火袋が出てきた（次頁の写真1）。それをもらって庭に飾った家は、運が傾いたと伝えられている。現在は北野天満宮の東向観音寺《ひがしむきかんのん》にある。

北野天満宮には、秀吉がつくった御土居の一部が残っている（同、写真2）。つまり現在もここは、かつての都市縁辺部の痕跡が残存している場所なのだ。

御土居の外には、江戸時代の古地図（図3参照）にも描かれている外堀となった紙屋川《かみや》（平安京に入ると西堀川）が流れ、当時の雰囲気が唯一残っている。都市化によって追いやられた蜘蛛塚が、今ここに佇《たたず》んでいる。

妖怪ハンターの痕跡は何処に

次に頼光塚を古地図で探してみよう。

写真１　火袋の蜘蛛塚

写真２　北野天満宮の御土居（いずれも著者撮影）

頼光とは源頼光のことで、土蜘蛛を退治した侍である。彼は、かの有名な酒呑童子《しゅてんどうじ》も退治している史上有名な妖怪ハンターなのだ。

そして、この頼光塚こそが、本当の土蜘蛛の棲家だったとする言い伝えがある。『拾遺都名所図会』には、頼光塚は「船岡山の南西」にあったと書いてあるが、残念ながら絵はない。

さらに『新撰京都名所図会』（白川書院、一九六一年）には「明治初年までは塔頭宝泉院背後（鞍馬《くらま》口通千本西入紫野郷之町）にあったものを、昭和七年ごろここに移した」と記されている。

先と同様に「増補再板京大絵図乾」で探してみよう。次頁の図5は船岡山とその南西にある千本通が描かれている。

図の中央に描かれた船岡山のすぐ南を走るのが鞍馬口通であろう。船岡山の南西部にはたくさんの寺が居並んでいる。千本通の西に並ぶ寺の南から二番目が宝泉院だ。つまり、この背後に頼光塚があったことになる。

この頼光塚、現在は上品蓮台寺《じょうぼんれんだいじ》に移されている。古地図で「レ」と付されている

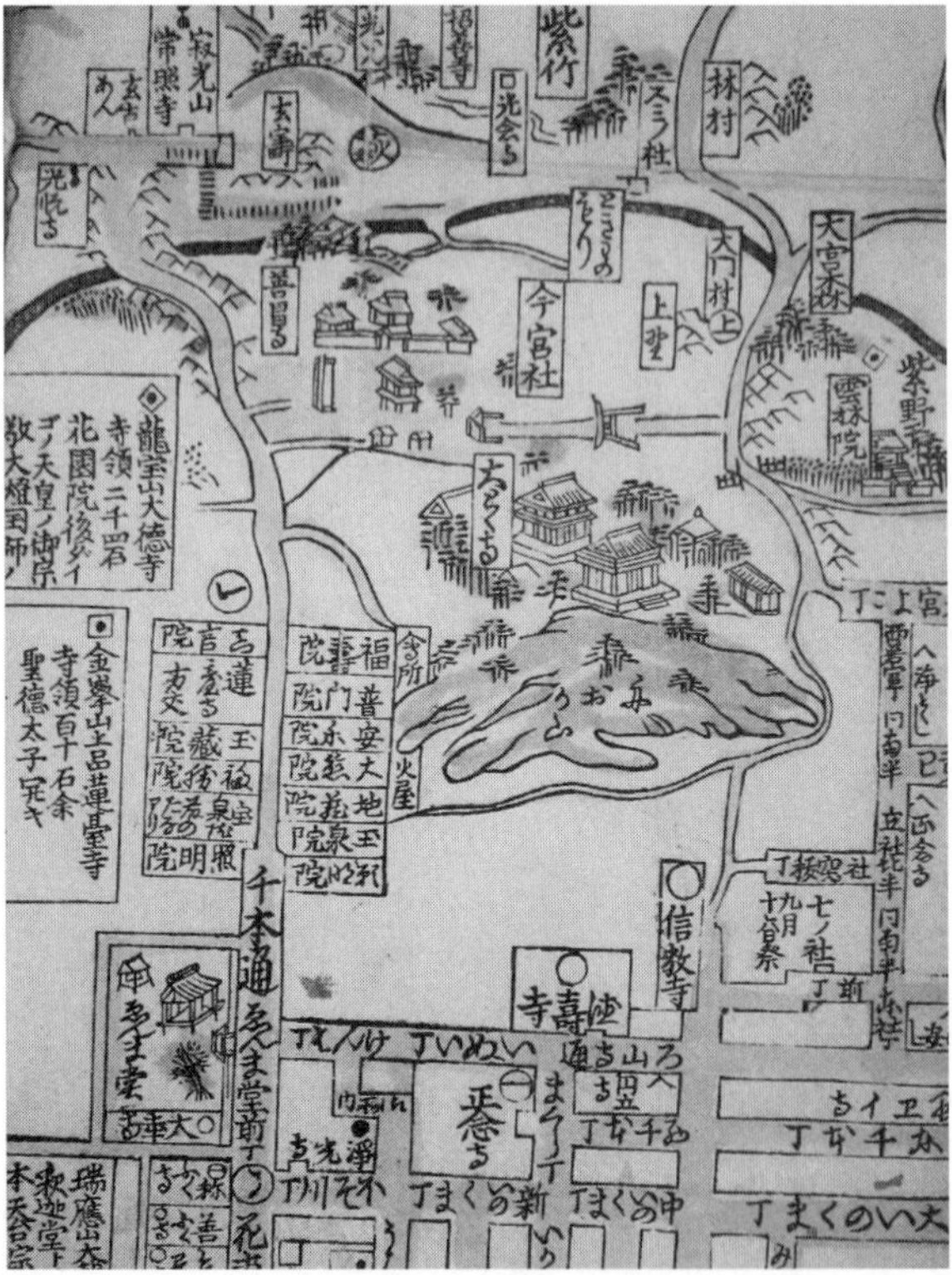

図5　図の中央に船岡山が、その左下に千本通が走っている。通の左に連なる寺の下から２番目が宝泉院。この後ろに頼光塚があった

のが蓮台寺である。ほぼ同じような位置と言っていいだろう。

次頁の写真3は、現在の頼光塚である。謡曲史跡保存会の立てた説明板には、先に紹介した『平家物語』の「剣巻」と同じ内容が書かれており、「北野の塚穴」とはこの塚のことで、千本鞍馬口西入にあったものをここに移したと記している。

フィクションから現実の舞台へ

さて、第三の蜘蛛塚の話は、次のような内容である。

昔、諸国行脚《あんぎゃ》の山伏・覚円が清水寺に詣でようと京都に来たが、五条烏丸あたりで日が暮れた。ここに大善院という大きな寺を見つけた覚円は、僧に頼んで一晩泊めてもらうことにした。

ところが、いかにも汚い小屋に通された覚円は、僧に抗議した。すると本堂には、妖怪が出るという。そこで覚円は、本堂に泊まって確かめることにする。

夜、覚円が寝《ね》ていると堂内が振動し、天井より大きな毛が生えた手が伸び、覚円

写真 3　上品蓮台寺の頼光塚（著者撮影）

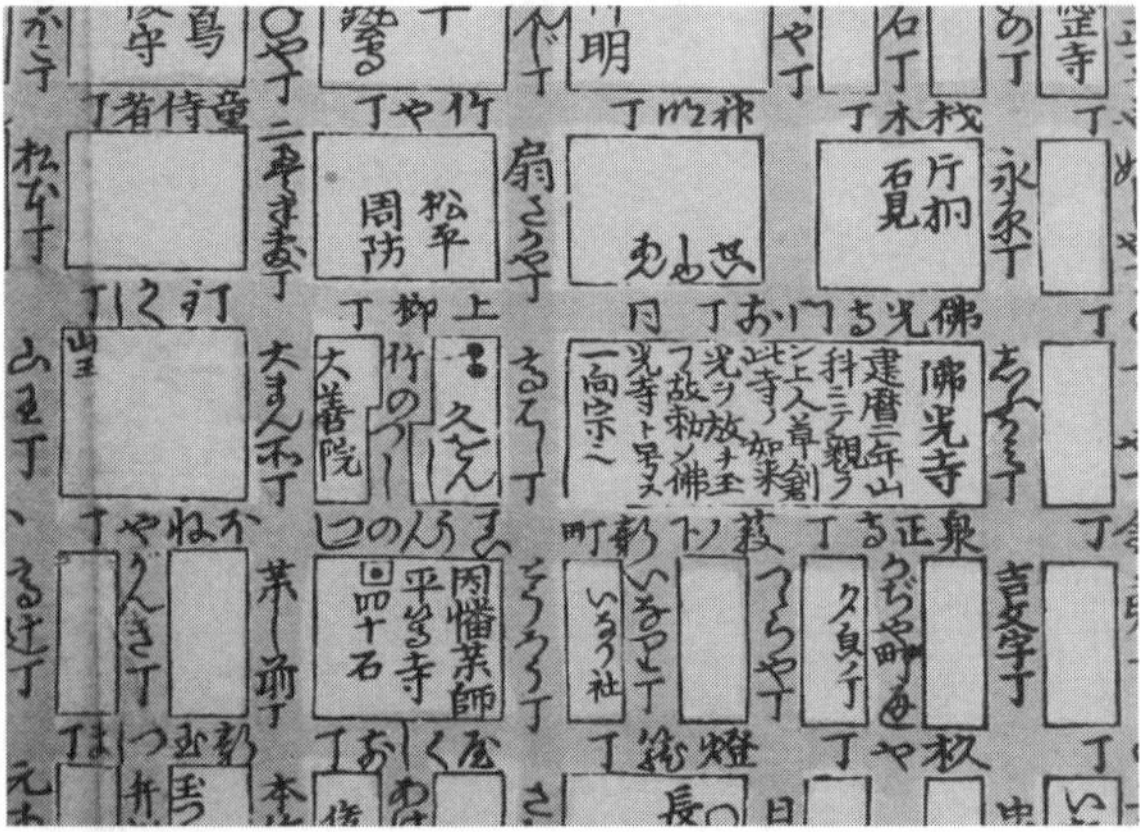

図 6　地図の中央よりやや左、「佛光寺」の左に大善院がある

の額をなでた。覚円が持っていた刀で斬りつけたところ、何かが仏壇の左に落ちた。翌朝になって仏壇の傍らを見ると、大きな蜘蛛が死んでいた。堂の脇にこれを埋めて、塚を築いたのが蜘蛛塚である。

先にも述べたとおり、この話は浅井了意著『狗張子』にある。この話は、河出文庫から現代語訳『江戸怪異草子』が出ているので、興味を持たれた方はぜひ読んでおこう。

『狗張子』は、中国の怪異小説を日本に舞台を置き換えて翻案《ほんあん》された小説で、その後の日本文学に大きな影響を与えたとされる。したがってフィクションなのだが、場所は実在する。

それにしても、なぜこの場所が、土蜘蛛登場の地として選ばれたのだろう。

さらに大きな問題がある。現在、大善院は移動してないのである。ここは古地図の情報に頼るしかない。

図6は寛保元年「増補再板京大絵図坤」である。地図の中央よりやや東、現在も

残る仏光寺《ぶっこう》の西に、大善院が見えている。

ここは江戸時代から町中であり、今まで紹介してきた事例と状況を異にする。元ネタがフィクションだから、きっと蜘蛛塚もなかったのだろう。怪異の起きるような地域として、イメージされていたのだろうか。

怪異の場所が異なるのは何故か

気になった私は、この近辺に、その他の怪異を探してみた。まず思い浮かんだのは、仏光寺と大善院のあいだをとおる東洞院通《ひがしのとういんどおり》に出没した「かたわ車」（江戸時代の怪談集『諸国百物語』に登場）。そしてもう一つが、仏光寺通の一本北にある綾小路通麩屋町の「人面瘡《じんめんそう》」（落語「こぶ弁慶《べんけい》」に登場）である。

「かたわ車」とは、車輪一つだけで走る妖怪である。ここに出てくる話では、この妖怪を覗《のぞ》き見た女の子どもの股を引き裂いて運ぶ。

「人面瘡」とは、人の身体にできる瘤《こぶ》のことだ。それがやがて大きくなり、人の顔に似てくる。そしてついには喋《しゃべ》り始める怪異だ。落語では、それが弁慶であった。

さてそうすると、この場所はフィクションの怪異としても選ばれやすいところだったと考えられる。

また、江戸時代の怪談集には土蜘蛛の話がよく登場する。

たとえば第壱章で紹介した『宿直草』には「蜘蛛、人をとる事」「百物語して、蜘の足を切る事」がある。ほかの怪談集では『曽呂利物語』（一六六三年）に「足高蜘の変化の事」がある。

江戸時代の妖怪図鑑で知られる鳥山石燕の『今昔画図続百鬼』（一七七九年）にも描かれており、当時からかなり有名な妖怪だったと思われる。つまり、フィクションの小説や落語にも使いやすかったのだろう。

このように、あらかじめフィクションとして描かれた怪異の場所と、本当にあったこととして語られる怪異の場所とでは性質が違う。古地図からはそういった事実が見えてくる。

そもそも、土蜘蛛とは何者なのだろうか？　そのヒントが謡曲の「土蜘蛛」に隠されている。謡曲は『平家物語』の「剣巻」を下地に色を加えている。頼光たちが土蜘蛛の棲《す》む塚を崩し始めたとき、土蜘蛛はその姿を現す。

そして次のように言った。

「汝知らずやわれ昔。葛城《かつらぎ》山に年を経し。土蜘蛛の精魂なり。なほ君が代に障りをなさんと。頼光に近づき奉れば。却って命を。断たんとや」

つまり土蜘蛛は葛城山から来た妖怪であり、その目的は天皇家を祟《たた》ろうとして頼光に近づいたということになる。

神武以来の天皇家の仇敵

では、かつて葛城山で何があったのか。この答えは『日本伝説大系 第九巻』(みずうみ書房)で明らかになる。同書によると、葛城山には次のような伝承が残されている。

一言主《ひとことぬし》神社の境内に、土蜘蛛塚というのがある。その昔、神武《じんむ》天皇がカツラで網をつくって土蜘蛛を捕まえ、これを頭と胴と脚との三部分に切断し、別々に今の神社の境内に埋《う》め、その上に巨石を据《す》えた。その後、これを土蜘蛛塚と呼ぶようになった。なお、このとき土蜘蛛を捕まえるのに、カツラの網を用いられたことから、この地方がカツラキと言われるようになったという。

次頁の写真4は、今でも一言主神社の境内に残る土蜘蛛塚である。

なんと、土蜘蛛と天皇家は神武以来の仇敵《きゅうてき》なのだ。このことから研究者たちは、土蜘蛛とは天皇家に抵抗してきた異民族、先住民だと考えてきた。

『古事記』や『日本書紀』の神武東征が、日向から大和《やまと》の橿原《かしはら》に至るまでの先住民支配の過程を伝えているのだとしたら、土蜘蛛はそれ以来の仇《かたき》なのだろう。

次頁の図7は神武東征のルート図であるが、これを見ると、難波《なにわ》に上陸した神武天皇が、生駒《いこま》山の麓《ふもと》で南に迂回《うかい》していることがわかる。

これは、先住民の抵抗を受けたためだ。そこでいったん南に迂回し、熊野から再び生駒山の背後の吉野へ出て、大和の橿原を攻めたという。そして、今の桜井《さくらい》で土蜘蛛を退治したと『古事記』にある。

写真 4　一言主神社の土蜘蛛塚（著者撮影）

図 7　神武東征ルート（『日本書紀・上』中央公論社、177 頁より）

大和王朝は、その桜井で政権の基盤を整えたのち、河内《かわち》・摂津に向かう際に葛城山も通過する。葛城山の土蜘蛛退治は、この過程で生じたことなのだろう。これはまさに、古代国家の征服ルートを示している。

先に紹介した『土蜘蛛草紙絵巻』に登場する神楽岡の廃屋も、じつは土蜘蛛たちのこの敗走ルートを連想させる。神楽岡は、鴨川を挟んで平安京の東に位置する。

そして、その両者のあいだを、下鴨《しもがも》神社が割って入るがごとく位置する。

下鴨神社が祀《まつ》るヤタガラスは、神武東征に際しても先導役を担った。それが神楽岡の廃屋を睨《にら》むがごとく位置にあるのだ。土蜘蛛の敗走は、この後も続く。

敗走する土蜘蛛、終焉の地は

敗走を続けた土蜘蛛は、やがて蜘蛛塚のある北野方面に抜けた。

ここが彼らの終焉《しゅうえん》の地となったのだろうか？

いや、まだ逃走先がある。それは次のような伝承が丹波国に残っているからだ。東書房の『丹波の話』（磯貝勇）の中にある。

綾部《あやべ》のある家は、代々美人の血筋であった。これに目をつけた高津の蜘蛛が毎夜々々、美男の武士に化けて通った。そのうち身ごもった娘は、ある夜、男の足に針を刺した。

男が帰ったあと、そのしたたる血痕をつけていったら、位田の高城という山の峰で蜘蛛が死んでいた。まもなく娘は、多くの蜘蛛の子を産んだ。その娘の墓は今、綾部は井倉のコージン藪にある。

平安京の北野から、山陰道を逃走すれば丹波国綾部に至る。そのすぐ北に、鬼の王・酒呑童子で有名な大江《おおえ》山がある。土蜘蛛同様、鬼も広く先住民ととらえるのであれば、頼光はここまで追いかけたのである。

土蜘蛛の退治に功績のあった頼光の部下、渡辺綱がこの地の主、丹波守に叙せられたのは示唆的であった。綱は酒呑童子退治でも活躍する。

この綾部の伝承も頼光の話同様に、流れた血を追いかけて土蜘蛛を発見するという類似性をほのめかす。だが、じつはそれ以上に重要な話型を隠し持っているのだ。

それは神武東征の終着地、土蜘蛛を退治した桜井にある三輪《みわ》山の神婚神話との類似性である。次のような話だ。

イクタマヨリビメのもとに男が毎夜訪れ、ヒメは妊娠する。怪しんだ父母がたずねると、ヒメは姓名も知らぬ男が通っていることを告げる。父母は男の素性を知ろうと、赤土を床の前に散らし、紡《つむ》いだ麻糸を針にとおして男の衣の裾に刺せとヒメに教える。夜明けに見ると、糸は戸の鉤穴《かぎあな》をとおり出て三輪山の神社に至っており、男の正体は三輪の神と知れる。

この神婚によって生まれた子どもの裔《すえ》がオホタタネコである。

妖怪譚と神話の思わぬ類似性

神婚神話とは、神と人との結婚を語る神話のことである。多くの場合、神と人とのあいだに産まれた子どもは、神の御子《みこ》として国の支配者となる。この神婚神話の場合、解釈は難しいが、さまざまな状況証拠から、やはりそのことを示している。

写真5　綾部市「位田の高城」。
土蜘蛛がいた桜井の三輪山や京都の神楽岡も円錐型のきれいな孤立山で、
似たような形をした山である（著者撮影）

たとえば、この神話が『古事記』の崇神記《すじん》にあることから、やはり神武東征との相似が見いだせる。なぜなら『古事記』『日本書紀』を通じて最初の王とされるのが、神武天皇と崇神天皇のみだからだ。

しかも、崇神天皇の倭名がミマキイリヒコ、つまり「三巻＝三輪＋イリヒコ＝入彦」＝「三輪に侵入してきた男」と解釈できるからである。

神武天皇も、東征によって大和に侵入してきた初代王なのだ。古代史では、神武天皇は実在しない天皇だという。つまり神武天皇が神話の王であるなら、崇神天皇こそが現実の初代王ということになろう。

『古事記』におけるこの神話の前後の記事も、このことを頷《うなず》かせる。崇神の御代、大和が疫病で混乱していた。夢占いをすると、崇神のもとに大物主神が現れ「オホタタネコを連れてきて私を祀れば疫病はおさまる」と予言した。

そこで崇神がオホタタネコを探し出し、その生まれを問いただしたところ、この神婚神話を語り出したのであった。そこで崇神は大物主神を三輪山に祀ると、大和の国は安寧《あんねい》を取り戻した。

したがって、この話も謡曲の「土蜘蛛」同様に、天皇家に障《さわ》りをなす妖怪退治譚ともとれるのだ。

そしてその後、崇神は大物主神の信仰を全国に広めようとし、日本を統一した。ここでも、崇神天皇は神武天皇と同じ役割を演じている。

綾部の伝承は、この神婚神話と同型と思える。糸ではなく血を追うところが違っているだけで、場所の状況も酷似する。

実際この地を訪ねてみると、蜘蛛がいた位田の高城は、三輪山とそっくりな円錐型のきれいな孤立山ではないか（写真5）。

じつは、神楽岡も似たような形の山なのだ。

京都の蜘蛛塚を古地図で追うことで、思わぬ古代国家の神話世界が浮かび上がってきた。怪異・妖怪そのものを追う一方で、そこに登場する場所にこだわることで見えてくる、もう一つの歴史なのである。

第参章 人と鬼との邂逅

『長谷雄草紙』より

平安京に蠢く鬼たち

鬼を知らない日本人はいないだろう。古来、日本人は多くの鬼と遭遇してきた。京都は古い町で、やはり古い記録がたくさん残っている。なかには、都人が鬼に偶然、遭遇してしまった話も結構ある。こうした記録や体験談は、読者の皆さんが予想しているよりもずっと多い。そこで、まずは洛内にしぼって見てみる。

もっとも、場所をしぼってみたところで、体験談が多いことに変わりはない。先人たちの体験談を集めた資料から当たるにしても、その数は膨大《ぼうだい》だ。

最初に私が手に取ったのは『長谷雄草紙《はせおぞうし》』という絵巻である。これは当時の絵もたくさん載っており、迫力もあるので、興味のある方は手にとってほしい。

現在『長谷雄草紙』は、中央公論社の「日本の絵巻」シリーズ第十一巻に収録されている。大判のカラー写真で絵巻のすべてが掲載されているので、当時の平安京の街の雰囲気も伝わってくる。その内容は、次のように奇妙奇天烈《きみょうきてれつ》だ。

平安時代初期の文人に紀《きの》長谷雄という人がいた。この人はさまざまな才能に恵まれて中納言《ちゅうなごん》にまでなる。

その長谷雄がある日、夕暮れになってから急に内裏へと参内《さんだい》することになる。長谷雄の屋敷の門前では、従者たちが主人の出番を待っている。そこに見知らぬ男が訪問してくる。いかにも聡明そうな目をしたその男は言う。

「私は双六《すごろく》の相手を探しておりますが、私の相手になれるのは、音に聞こえた長谷雄の中納言さましかおりません」

長谷雄が「どこで双六を打とうというのか」と尋ねると「私のところで」と言って、長谷雄を連れ出すのだった……。

この間、絵巻には当時の平安京の街の様子が描かれている。長谷雄の邸宅は大内裏の近くなのだろうか。そうであるなら、二条大路あたりが描かれているのかもしれない。絵巻をコピーして今の二条通を歩けば、平安初期の平安京の街を疑似体験できると思う。

図1を見てほしい。描かれている街の様子は、魚や鳥、草履《ぞうり》まで売る通りに面したお店、今でいえばコンビニか。店の前には大木の根元に留められた荷車もある。それらを後目に、長谷雄は先の見知らぬ男と連れ立っていく。さて、彼らの行き先はどこなのか。物語を追ってみよう。

死者の魂を弄ぶ者

長谷雄は先の見知らぬ男に導かれ、街を歩くうちに気がつくと朱雀門にいるではないか。男は門の上に登るよう長谷雄を誘う。

さて、朱雀門の楼上《ろうじょう》で双六盤を挟んで対峙《たいじ》する二人。男は言う。

「私が負けたら絶世の美女を差し上げよう。あなたが負けたら何をくださるか」

男に対して、長谷雄は「全財産を取らせよう」と答えた。

双六の対局が始まる。長谷雄は勝ち続ける。すると悔しがった男が、見る見るうちに鬼に変容していく。悔しさのあまり、本当の姿を現したのである。

図１　『長谷雄草紙』に描かれた平安京の街角と店。描かれている街の様子は活気に満ちている。
図からはわかりにくいが、描かれた店は魚や鳥、草履まで売る通りに面したお店である。今でいえばコンビニであろうか。店の前には大木の根元に留められた荷車もある。
この図から見られないが、絵巻にはその荷車につながれている猿や、その猿にちょっかいを出す子ども、それを見物する町衆などが描かれている（『長谷雄草紙・絵師草紙』中央公論社、11 頁より）

図2が朱雀門の楼上の長谷雄と鬼である。どうもこの鬼は、朱雀門に棲んでいるようだ。

次の日、勝利した長谷雄邸に、約束どおり絶世の美女が届けられる。鬼は百日間美女に触れてはならないと言って去る。長谷雄は八十日間我慢するが、ついに触れてしまう。すると美女は、水となって消えてしまった。

この女は、人間のたくさんの遺体から、鬼が良い部位だけを選んで組み立ててつくった美女だったのだ。百日すれば魂《たましい》が入り、本当の人間になるはずだった。

三ヵ月後、またあの男が長谷雄の前に現れた。男は「約束を守らぬ情けない殿よ」と長谷雄をそしりながら鬼へと変身し向かってくる。

とっさに長谷雄が北野天神の霊に祈《いの》ると、天から「不都合な奴じゃ、立ち去れ！」という声がし、鬼は逃げ去ったのであった。

都人が、朱雀門で鬼に遭遇した記録はほかにもある。たとえば、鎌倉中期の説話集『十訓抄《じっきんしょう》』に、次のような記録が残っている。

図 2　朱雀門の楼上で鬼と双六の対局をする紀長谷雄（『長谷雄草紙・絵師草紙』22 頁より）

源博雅《ひろまさ》が、月夜の晩に朱雀門の前で笛を吹いていた。すると同じような姿で別の男が笛を吹いている。じつに見事な音色だったので、その男に近づいて見たが、それは知らない男だった。その後も、お互い名乗ることもせず、月の明るい晩には必ず出会い、お互い笛を吹き合った。

ある晩、あまりにもその男が吹く笛の音が素晴らしいので、博雅は笛を取り替えてもらった。やはり最高の音であった。

しかし、その後、笛を返すこともなく博雅は亡くなってしまった。帝がその笛をお召しになり、ほかの者たちに吹かせたが同じような音は出せなかった。

その後、浄蔵《じょうぞう》という笛の名人が帝に呼び出され、この笛を吹くことになった。素晴らしい音を出したので、帝はとても感心し「博雅は朱雀門のあたりで、この笛を得たと言っていた。お前も朱雀門で吹いてみよ」と言われた。そこで浄蔵が月夜の晩に朱雀門で笛を吹くと、門の楼上から「最高の優《すぐ》れものだ」というとても大きな声が響いた。これでこの笛が、朱雀門の鬼のものだということがわかった。

この『十訓抄』も、たとえば小学館の「新編日本古典文学全集 第五十一巻」にあるので、近くの図書館で手にすることができるはずだ。博雅と鬼が朱雀門の前で笛を吹き合っている絵もある（次頁の図3）。

源博雅は若い人にも知られた人物だ。夢枕獏の小説、そして岡野玲子のマンガ、それらが映画化された『陰陽師』で、安倍晴明の親友として描かれている。

鬼の棲む朱雀門の跡地へ

また『古今著聞集』にも、次のような話が載っている。

昔、玄象《げんじょう》の失せたりけるに、公家おどろきおぼしめして、秘法を二十七日修せられけるに、朱雀門のうへより、くびに縄をつけておろしたりける。鬼のぬすみたりけるにや。修法《しゅほう》の力によりておろしたりける。

昔はかく皇威も法験も厳重なりける、めでたき事なり。

図 3　朱雀門の下で鬼と笛を吹き合う源博雅（『十訓抄』408 頁より）

玄象というのは、藤原貞敏《さだとし》が唐から持ち帰ったとされる天皇家に伝わる琵琶《びわ》の名器のことで、それがなくなってしまい天皇は心を痛めていた。

そこで秘法、つまり真言《しんごん》宗で護摩《ごま》を焚《た》き、本尊の真言を唱《とな》えておこなう秘密の修法を試みると、朱雀門の上から縄で結《ゆ》われた琵琶が降りてきた。

つまり、朱雀門に棲む鬼が玄象を盗んでいたという話である。

では、朱雀門はどこにあったのか。次頁の図4は平安京の大内裏の図であるが、大内裏の南で一番中央にある。大内裏とは皇居（内裏）と政府諸官庁の置かれた地区で、ようするに政治の中心地であり、天皇の居所である。都でもっとも重要な箇所であった。なんと鬼は、そこの正門に棲んでいたのである。

第壱章で紹介した神泉苑の北門は、この朱雀門の東隣にある美福門の前であったから、当時このあたりは、鬼たちが跋扈《ばっこ》するスポットだったことになる。

この朱雀門、今はない。現在はどうなっているのか。『京都歴史アトラス』で見てみよう。次頁の図5は、現在の地図に平安京の復原図を重ね合わせた地図だ。図4と並べて見れば、当時から現在がいかに変わったのかもよくわかる。

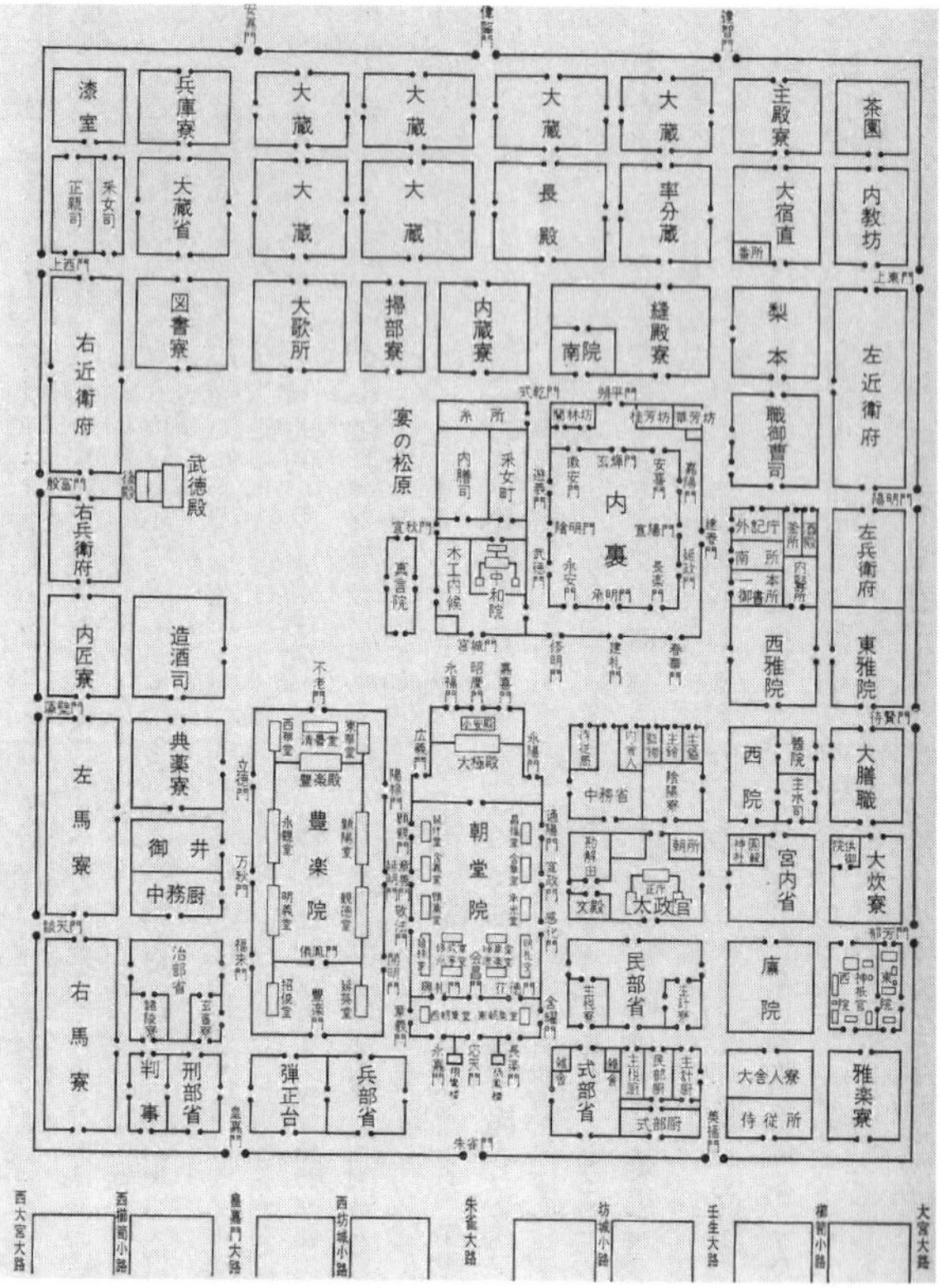

図 4　大内裏の図。図の中央下にある朱雀大路を北上し、朱雀門をくぐれば大内裏に至る（『京都の歴史 1』京都市史編さん所、271 頁より）

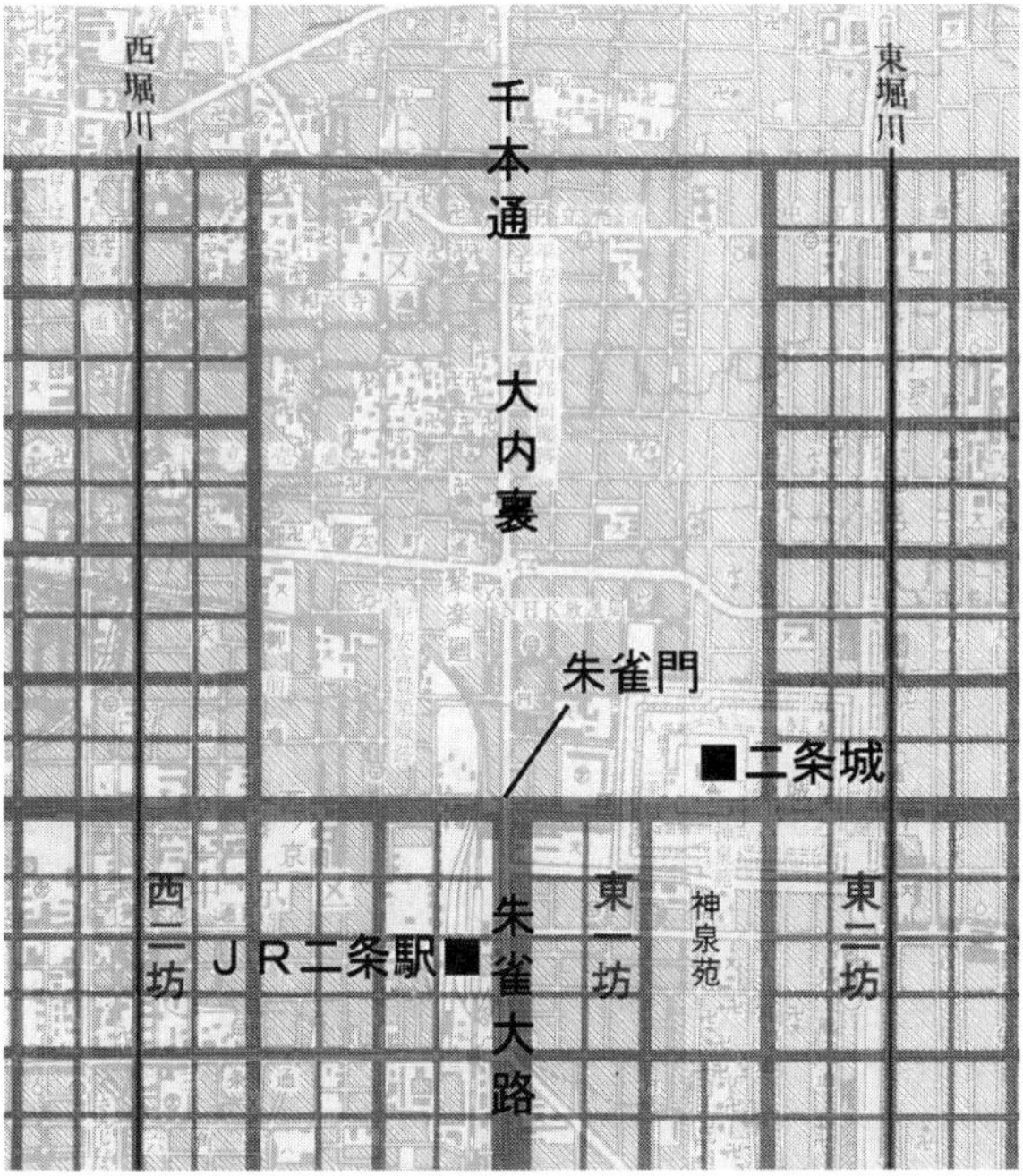

図 5　大内裏と朱雀門を現代の地図に落とし込んだ図（『京都歴史アトラス』30 頁に著者加筆）

当時、朱雀門は大内裏の南正門で朱雀大路に通じる門であった。現在の地図で見ると、JR二条駅の北東、二条城の西あたりの千本通にあったことになる。

写真1は現在の様子だ。大内裏側から南を向いて撮ったものである。したがって、左にある石柱が朱雀門跡の碑《ひ》で、右の道路が千本通となる。

つまり、これはかつての朱雀大路を朱雀門から見ていることになるのだ。そして平安時代には、この門の上の楼閣《ろうかく》に鬼が棲んでいたのである。怪異に遭遇したいと思っている読者の皆さんは、ここに一晩潜んでいれば何かあるかもしれない。

琵琶の音に誘われて……

この写真にある千本通、つまりかつての朱雀大路を南に下っていくと、平安京の南正門、羅城門に行き当たる。大内裏の真下から、真っすぐ南に伸びる朱雀大路(図5参照)、この一番南端に羅城門があった。ここにも鬼が棲んでいたらしい。

写真2は、今はない羅城門の跡地に佇む碑である。ここにも、次のような、やはり源博雅と玄象の話が残されている。

写真1　朱雀門跡碑と千本通

写真2　羅城門跡碑（いずれも著者撮影）

村上天皇の時代、玄象という琵琶がなくなり、天皇は嘆《なげ》き悲しんでいた。

そのころ、源博雅という管弦楽器の道を極めた人がいて、この人もまた玄象がなくなったことを嘆いていた。この博雅が夜、清涼殿《せいりょうでん》に控《ひか》えていると、南のほうから玄象を奏でる音が聞こえてくる。空耳かと思ったが、たしかに玄象の音だ。

博雅は小舎人童を一人伴い、内裏西側の宜秋門《ぎしゅう》から出て、南へと向かった。やがて朱雀門に至ったが、まだ南から聞こえる。さらに朱雀大路を南へ南へと行き、ついに羅城門に至った。

門の下で玄象の音を聞いていた博雅は、これは人ではなく鬼に違いないと思った。博雅は門の上に向かって「誰が玄象を弾いているのだ。天皇は玄象を失って探しておられる。今宵《こよい》、清涼殿でこの音を聞き、ここまでやってきたのだ」と言うと、音が止み、天上から玄象が縄にくくられて下りてきた。

博雅はこれを取り、天皇に返上すると、天皇は非常に喜ばれた。

『今昔物語集』は岩波文庫にある。手にとりやすく、読みやすいので、ぜひ一読してほしい。この話の場合、場所が非常に詳しく書かれているので、博雅が具体的に、どこで何をしたのかが明白である。

では、博雅の遭遇した怪異を追体験してみよう。

絵から抜け出た怪異

博雅が玄象の音を最初に聞いたのは清涼殿であった。清涼殿とは平安時代の中期、天皇が日常生活を送る居所となっていた御殿で、内裏の内にある（図4参照）。次頁の図6は、内裏の内の清涼殿の位置と清涼殿内部を示している。

清涼殿の南端に博雅などの殿上人《てんじょう》が控える殿上間がある。つまり彼はここで玄象の音を聞いたことになる。先の長谷雄も、ここに参内するつもりだったのだろう。

この話では、博雅は小舎人童を連れて内裏西側の宜秋門から外へと出ている。この宜秋門は図4の宴の松原の下に見えている。そして朱雀門へと向かい、さらに南下し、羅城門で鬼に遭遇したことになる。

次頁の図7は、大内裏の内裏や諸官庁の位置を現代地図に重ねて示したものであ

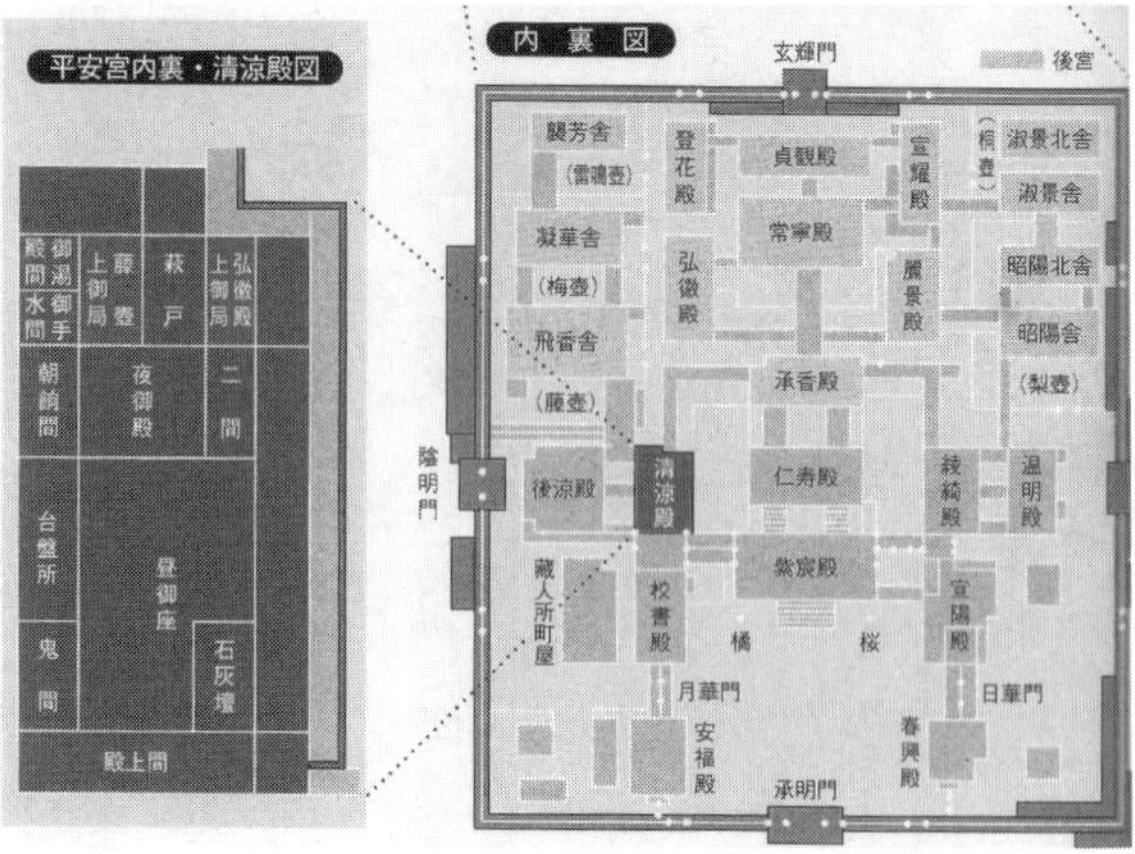

図 6　内裏と清涼殿の位置図・内部図。清涼殿内部の真下に殿上間があり、その左上に「鬼間」とあるのが鬼の間（『京都歴史アトラス』42 頁より）

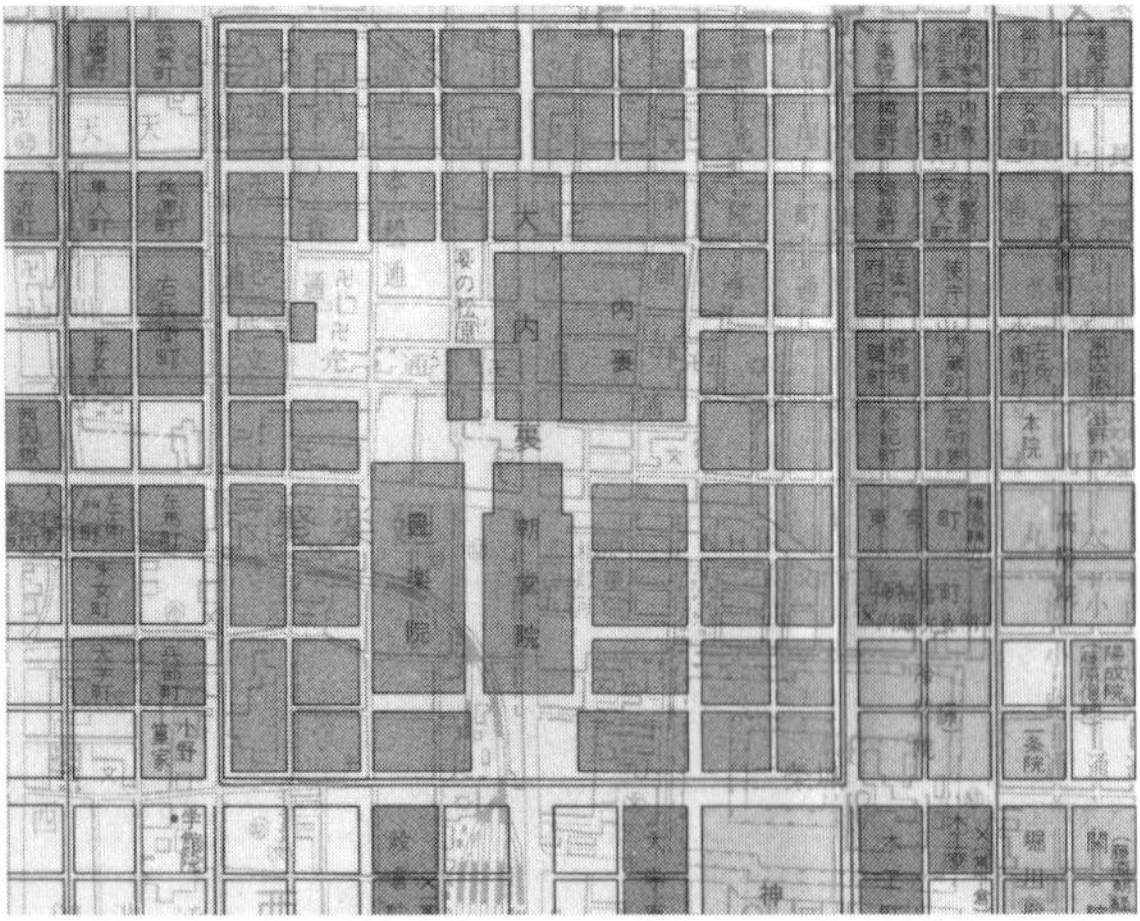

図 7　現代の地図に大内裏の位置を落とし込んだ図（『京都の歴史 1』付図より）

る。この図は『京都の歴史1』の付図から一部を転載したものだ。内裏や宴の松原の位置もわかる。ちょっと手間は掛かるかもしれないが、このような地図を持って歩けば、博雅と同じルートを歩くことができる。

ただし、羅城門までは遠い。かつて羅城門があった場所も、同じく『京都の歴史1』の付図からよくわかる。

次頁の図8によると羅城門は、現在ではJR京都駅の南、そして現在も残る東寺の西に位置していた。ここは御伽草子や謡曲の「羅城門」、近年では芥川龍之介の「羅生門」、黒沢映画の「羅生門」の舞台ともなっている。

鬼たちは、朱雀門や羅城門にいたわけだ。

しかし、彼らはもともとどこにいたのだろう。

『長谷雄草紙』に出てくる朱雀門の鬼は、中央公論社の『長谷雄草紙・絵師草紙』(日本の絵巻11)にある小松茂美の解説によると、清涼殿にある鬼の間の南壁に描かれていた鬼王が、姿を変えたものだったらしい。

図6を見ると、たしかに清涼殿には鬼の間がある。そこの鬼が玄象を盗み出した

のだというが、そうなれば話の辻褄《つじつま》は合っている。清涼殿は天皇の居住区であり、きっと玄象もそこにあったろう。

そうなると、鬼の間に描かれた絵から鬼王が抜け出して、玄象を盗み出し、時に朱雀門や羅城門に出没していたことになる。これら三つの場所には、何かのつながりがありそうだ。

鵺を射抜く源頼政

内裏に出没した鬼たちはほかにもいる。『源平盛衰記』では、平清盛が内裏の南殿、つまり紫宸殿《ししんでん》(図6参照)に出没する怪鳥を退治している。また『平家物語』では、源頼政《よりまさ》も清涼殿(図6参照)の上を飛ぶ鵺《ぬえ》を退治している。

図9は、歌川国芳《うたがわくによし》の「源三位頼政鵺退治」である。弓に矢をつがえているのが頼政で、建物の屋根の上にいるのが鵺だ。ということは、そこに描かれている建物が清涼殿あるいは紫宸殿ということになる。その向こうに見える山は愛宕山《あたご》だろうか。

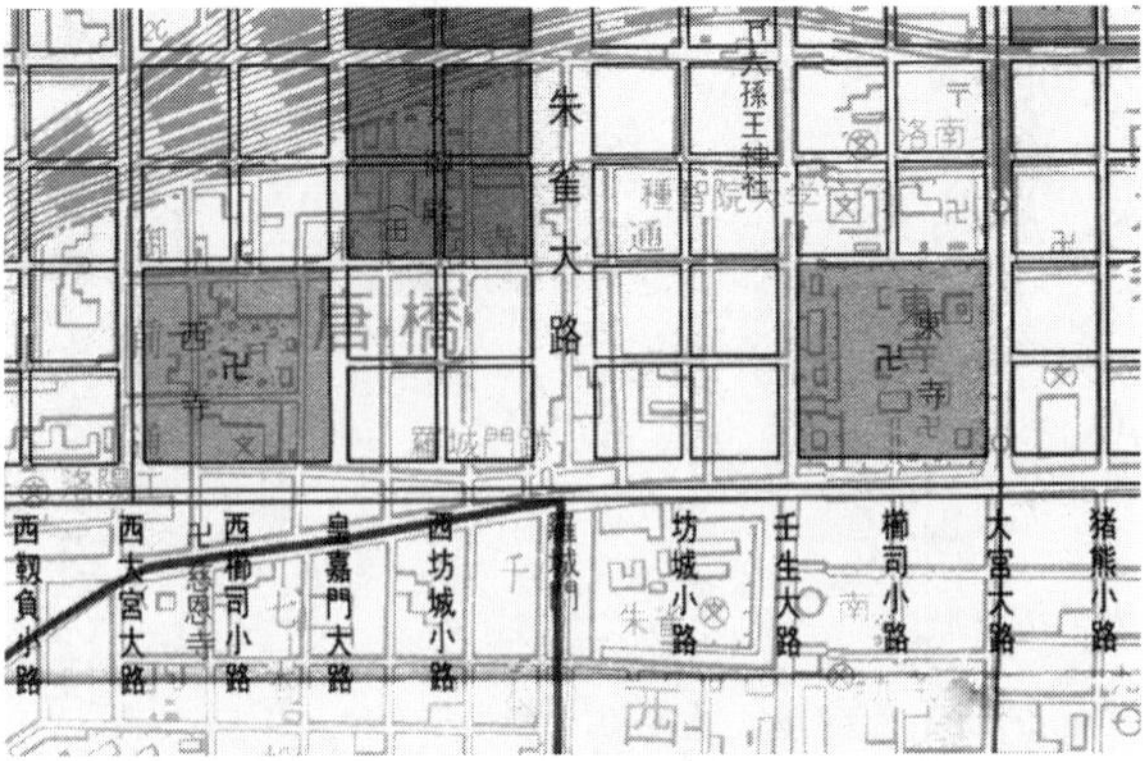

図 8　現代の地図と羅城門と東寺の位置（『京都の歴史 1』 付図より）

図 9　鵺を退治する源頼政。怪しげな黒雲から不気味な鳴き声を放つ怪鳥は、頭が猿、胴は狸、足は虎、尾は蛇という化け物だった（『没後 150 周年歌川国芳展』日本経済新聞社より）

境界線に出没する物の怪

『今昔物語集』では、紫宸殿と仁寿殿《じじゅうでん》を結ぶ回廊（図6参照）に何やら物の怪が、そして応天門《おうてん》（図4参照）には青い光が出没している。これら怪異はいずれも内裏の南半分で目撃されている。ちなみに北半分は後宮である。

つまり内裏の南、大内裏の南、そして平安京の南、とくにそれぞれの地区の境界上に、鬼をはじめとする妖怪たちが出没していたわけである。これらの場所は図4、7、8を合わせて見てもらえれば、現在の場所がわかるだろう。

ところで、これらの場所は何を意味しているのだろう。この秘密を解くには、当時の都人たちがおこなっていた鬼への対処法を明らかにしておく必要がある。

当時の人たちは、鬼を次のように考えていた。

鬼という「もの」は根国底之国《ねのくにそこのくに》よりやってくる。そして私たち人間に罪、穢《けが》れ、災厄をもたらす。したがって、これら罪、穢れ、災厄を祓うには、鬼のご一行様に、再び根国底之国にお帰りいただく……。

これは九世紀に記された、律令制度に関する史料『令義解《りょうのぎげ》』の「神祇令《じんぎ》」にある考え方で、その世界観は『古事記』や『日本書紀』の神話とも通じる。

根国とは『古事記』によると、スサノオが支配するどこか遠くにある異界で、平安中期の法令集『延喜式《えんぎしき》』では「根の国・底の国」はすべての罪が集まる大海原の底にあるとされている。じつは鬼たちは、この異世界に棲んでいる。鬼たちは、この根国底之国からやってきて、私たちにさまざまな悪事をもたらすのである。

魔界の住人が使った出入り口

平安京の人たちは、この鬼たちに大祓という祭をおこなって対処した。

まず親王諸王以下百官が、犯した過ちを祓う。大祓祝詞《おおはらえのことば》をあげて神々に聞いてもらう。神々は祓われた罪を山から川、川から海へと流し、根国底之国へと戻す……。だいたいこのような手順で、一応は鬼に母国へと帰っていただくのである。

では、その祭をどこでおこなったのか。

『続日本後記《しょくにほんこうき》』や『日本文徳天皇実録《にほんもんとくてんのうじつろく》』、あるいは『日本三代実録《にほんさんだいじつろく》』などに記録が残っている。それらによれば、建礼門《けんれい》、朱雀門、羅城門が祭礼の場所だった。

建礼門とは、図4を見ていただければわかるのだが、内裏の南にある正門だ。

つまり、これら鬼を追い出す祭がおこなわれた場所は、天皇の居所の「南の正門」、政治の中心である大内裏の「南の正門」、そして都である平安京の「南の正門」でおこなわれていたのである。

これで先の清涼殿の鬼の間、朱雀門、羅城門の三者の関係が浮かび上がってくる。つまりこれらの場所は、鬼が根国底之国に追い返される場所であると同時に、やってくる場所でもある。つまり、魔界の住民の出入り口になっていたわけだ。これはまさに、魔界や怪異との遭遇を願う読者の方々がお探しの場所といえる。

冥界の使い魔への饗応

これら三つの場所は、どこかでつながっていたのかもしれない。なぜなら清涼殿にあったはずの玄象が、朱雀門にも羅城門にもあったからである。この鬼の間の鬼は、これら三つの場所を自由に出たり入ったりできたのだろう。

ある程度、具体的に鬼の国の位置を示した史料もある。『延喜式』の「陰陽寮式」では、鬼の棲家を、千里の外、四方の堺《さかい》（東は陸奥《むつ》、西は五島列島《ごとうれっとう》、南は土佐《とさ》、北は佐渡《さど》）より外に設定している。そこからやってきて、平安京近郊の村々に隠れている悪鬼《あっき》たちを、時には山海の珍味などで接待し、気持ちよくお帰りいただこう、そのような魂胆《こんたん》もあったようだ。次のような話が、五〜八世紀の説話集『日本霊異記』や『今昔物語集』に残っている。

聖武《しょうむ》天皇のころ、讃岐《さぬき》国のある女が病気になった。そのため、家の門の前に山海の珍味などを用意して疫病神《やくびょうがみ》に贈《おく》り物をした。ちょうどそのころ、閻魔《えんま》大王の使いの鬼がこの女を捜し回っていた。疲れ果てていた鬼が、このお供え物を見てたいそう喜び、頂戴した。

鬼は「ごちそうをいただいたので、お前を助けてやろう。お前と同じ名前の女は近くにいないか？」と尋ねた。病床にあった女は「どこどこにいます」と答えた。鬼はその女のところへ行き、一尺（約三十センチ）の鑿《のみ》を女の額に打ち立てて、閻魔大王のところへ連れ出した。

しかし、閻魔は「この女は別人だ。もとの女をつれてこい」と鬼にいう。

結局、鬼は最初の女をつれてきたので、間違えられた女の魂は生き返らされ、家に帰された。だが、すでに火葬《かそう》が済んでいたので、魂の帰るべき身体がない。閻魔は最初の女の身体がまだ残っていることを確認すると、そちらへ帰らせた。

甦《よみがえ》った女を見た両親は喜んだが、間違えられたほうの女にとっては、そこは自分の家ではない。元の家に帰ってしまう。

ところが、元の家の両親は、別の身体を持って帰ってきた女を娘だと信じない。そこで閻魔大王の話を両方の親に聞かせたところ、両家とも理解し、結局この女は四人の親と二つの家の財産を得たのだった。

この話は次のように結ぶ。

このような鬼へお供え物をするお祭は、決して無駄ではない、と。これがこの時代の鬼に対する、人々の抱いている一つの対処法だったのだ。

第四章

魔界に通じる道は何処に

『都名所図会』より

鬼が来た道を辿ると

古代の鬼たちは、人間のつくった道を伝って平安京に来ていたらしい。その証拠に、古代国家は道饗祭《みちあえのまつり》というものをおこなっていた。道饗祭とは前章の最後で紹介した鬼を接待する祭の一つである。『令義解』によると、古代国家はこの祭を平安京に通じる主要道、あるいはそれらが交差する場所でおこなっていた。

平安京には、山陽道、南海道、山陰道、東海道、東山道、北陸道と、全国から道が通じている。それらすべての道が、羅城門に集結する。そこから大内裏へ行くには朱雀大路を通って朱雀門へ、さらに内裏に行くには建礼門へと向かう。

したがって、これらの場所で鬼への接待がおこなわれ、だからこそまた、そこに鬼がいると考えられていたのであった。つまり、逆にこれらの道を遡っていけば、鬼の国を訪れることができるのではないか。

じつは古代国家は、都の入り口だけではなく、国の入り口、あるいは天皇の居する領土の入り口でも、この祭をおこなっていた。読者の皆さんが一番手に入れやすい本でいうならば、講談社学術文庫の『続日本紀《しょくにほんぎ》（下）』がいいだろう。そこには次のような記録が残っている。

宝亀《ほうき》元年（七七〇）

六月二十三日　疫病を防ぐ神を京の四隅と、畿内と畿外の堺十ヵ所で祀った。

畿内とは、天皇の居する領土のことだ。大和・山城《やましろ》・摂津・河内・和泉《いずみ》国を指す。そして畿外とは、その外だ。この近辺を近畿地方というのは、ここからくる。

平安時代になると山城国に都が移るので、山城国の四つの堺でもこの祭がおこなわれた。当時のさまざまな記録によると、疫病《えきびょう》の原因はこの鬼の仕業《しわざ》だ。「道路鬼」（『続日本後紀』）とも呼ばれていたくらいで、道路をとおってやってくると信じられていた。

それでは、羅城門を出て各地に向かう道のどこで、この祭がおこなわれたのか。その道がわかれば、鬼の国を訪問できるというものだ。

図1は、その祭がおこなわれたとされる堺を示した図である。山陽・南海道は山崎堺で、山陰道は大枝堺（現在の老《おい》ノ坂）で、北陸・東山・東海道は会坂堺（現在の逢坂山《おうさかやま》）。そして、大原・竜花道は和邇《わに》堺（現在の途中越）だ。

これら場所には、今も疫神であるスサノオノミコトや牛頭天王《ごずてんのう》、岐神《ふなどのかみ》や衢神《ちまたのかみ》を祀る神社や地蔵などがあり、その痕跡《こんせき》と考えられている。

都で鬼の接待をする場所が、鬼の出没する場所であったのなら、これら四つの場所も、同じく鬼の出没する場所であったということになる。

このように見ていくと、鬼の出没場所、あるいは棲家は、重層的だといえる。それぞれの区画にあるそれぞれの境界で、幾重《いくえ》にも層を重ねて出現しているからだ。

その重なりを拡大させると、清涼殿の鬼の間から内裏、大内裏から平安京、そして山城国、畿内、さらに陸奥や佐渡、五島列島や土佐まで同心円的に拡張し、最後は神話の国、根国底之国へと至る。

逆に縮小するときは、この逆のコースをたどるわけだ。その場合、最終地は建礼門（次頁の写真1）をとおり、内裏の清涼殿の鬼の間をとおして、その邸宅の主、

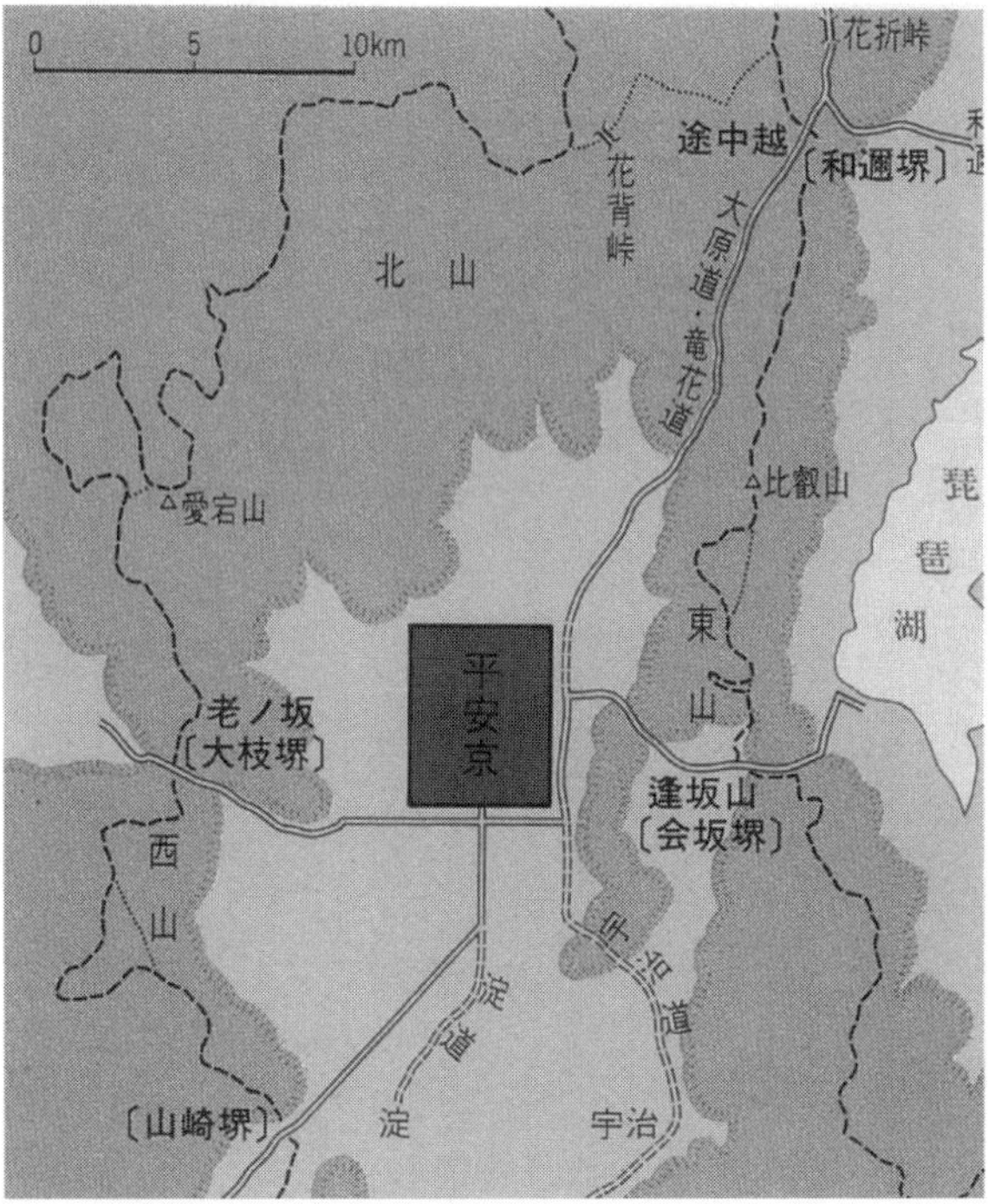

図1　山城国の四堺（『京都歴史アトラス』28 頁より）

天皇（あるいは都人たち）の心の中へと至るのかもしれない。深層心理学では、神話は私たちの深層心理を表現していると主張するが、そうであるなら結局、両コースとも円を描くように同じところへ戻ってきていることになる（次頁の図2）。

一条戻橋での決闘

もしかして、この「戻る」という意味が込められているのだろうか。じつはもう一つ、平安京の堺に鬼が出没する場所がある。一条戻橋《もどりばし》（写真2）である。

前章で触れた玄象が、内裏から朱雀門、羅城門へと移っていったように、一条戻橋にも似たような魔界転移装置としての機能が備わっていた。

『平家物語』の「剣巻」に、渡辺綱にまつわる次のような話がある。

源頼光の家来に、渡辺綱という者がいた。頼光の使いで一条大宮へと行くことになったが、夜も遅かったので、馬に乗り、鬚切《ひげきり》という源氏の宝刀を持っていった。すると一条堀川の戻橋で、二十歳くらいの美しい女が一人で歩いている。女は綱

写真１　現在の建礼門と奥に見える紫宸殿（『京都御所一般公開』宮内庁京都事務所より）

写真２　一条戻橋（著者撮影）

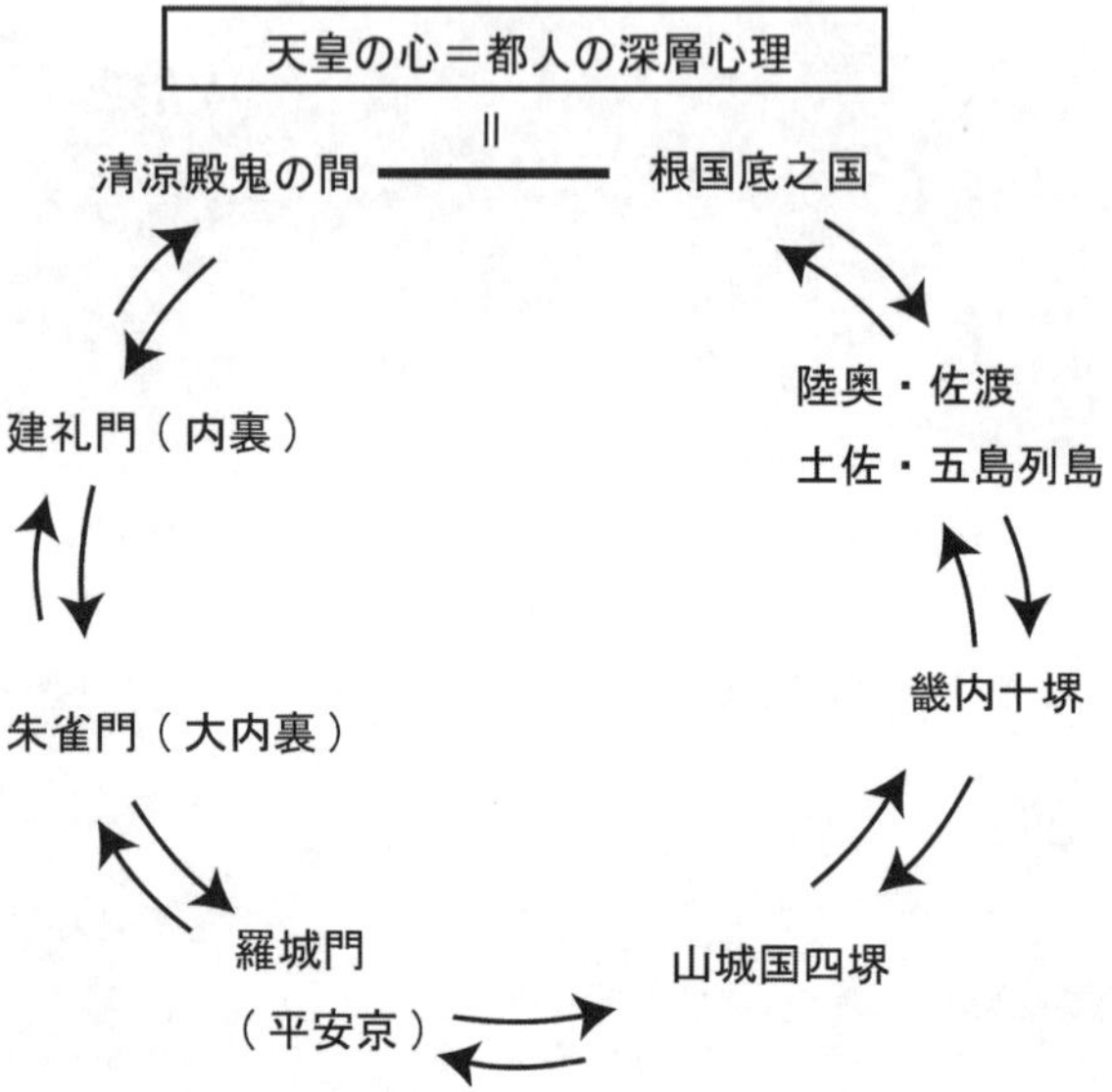

図2　重層的で円環的な鬼の世界（著者作図）

を見て「もう夜も遅くて恐ろしいので、お送りいただけますでしょうか」とすがるように言った。

そこで綱は、女を馬に乗せてやった。女は「私の家は都の外ですが、送ってくれますでしょうか」と言う。綱が「お送りしましょう」と答えると、女は突如、鬼へと姿を変えた。

「わが行くところは愛宕山ぞ」と言うやいなや、綱のもとどり（結った髪）をつかんで、西北に向かって飛翔し始める。それでも綱は少しも動じず、宝刀の鬚切を抜き、鬼の手を斬った。

綱は、そのまま北野天満宮の回廊に落ちた。もとどりをつかんだまま切断されたその手をみると、女の手ではなく、色が黒く、毛がごわごわと渦巻いた鬼の手だった。綱はこの手を安倍晴明に占ってもらい、七日間の物忌《ものい》みをすることになる。すると今度は伯母に化けた鬼が、この手を取り戻しに来るのだった……。

これと似た話が謡曲「羅城門」にあるが、そこでは舞台は羅城門に変換され、やはり鬼は綱の頭部へと手を伸ばし、兜《かぶと》の錏《しころ》をつかむ（図3）。

そして綱は、鬼の腕を斬り落とすのであった。

このように一条戻橋も、羅城門と変換可能なのである。それだけではない。愛宕山や北野天満宮とも何やらつながっているようだ。

川底の渦が魔界への入り口か

江戸時代の安永《あんえい》九（一七八〇）年に刊行された『都名所図会』によると、一条戻橋は一条通堀川に架かっているとある。現在も一条通を行くと堀川に当たり、そこには橋が架かっている（写真2参照）。たしかに戻橋とある。

だが第壱章でもいったが、このようなかつて恐ろしいことがあった場所を訪ねてみると、がっかりすることが少なくない。なぜなら、コンクリートで固められた川沿いと橋、周辺に建つ高層ビル群、行き交う車の群れ……。

今の戻橋には、かつての恐ろしい雰囲気はひとかけらも残っていない。ここで登場するのが古地図や絵図だ。

図3　羅城門で鬼に兜の錣をつかまれた渡辺綱は、刀を抜いて鬼の腕を斬る（『没後150周年歌川国芳展』より）

かつて都人たちが感じた一条戻橋の恐怖とは、どのようなものだったのだろうか。まずは先の『都名所図会』に描かれた一条戻橋の絵を見てみよう（図4）。ずいぶん今と様子が違うではないか。

この絵では、戻橋の下を流れる川は一筋ではなく、二筋の川が合流している。このような箇所は相反する方向を目指す二つの流れが、相打ち合って激しく渦《うず》を巻く。その様子が、この絵から明らかに見て取れる。

このような渦巻く川底に、神秘を見出す伝承は各地にある。それこそ、ここに根国底之国があってもおかしくないのだ。

今度は古地図で見てみよう。図5は元禄十四（一七〇一）年の「元禄十四年実測大絵図（後補書題）」である。これを見ると、たしかに一条通が堀川にぶつかる地点で、二つの川が合流している。そして、そこに橋が二つ架かっている。『都名所図会』の絵師は、どうもこの合流点を、南西方向から北東方向に見て描いたようだ。つまり、絵の左に描かれている橋が、戻橋ということになる。

同書によると、安倍晴明がこの橋の下に十二神将《じゅうにしんしょう》を鎮《しず》めていたとある。十二神将

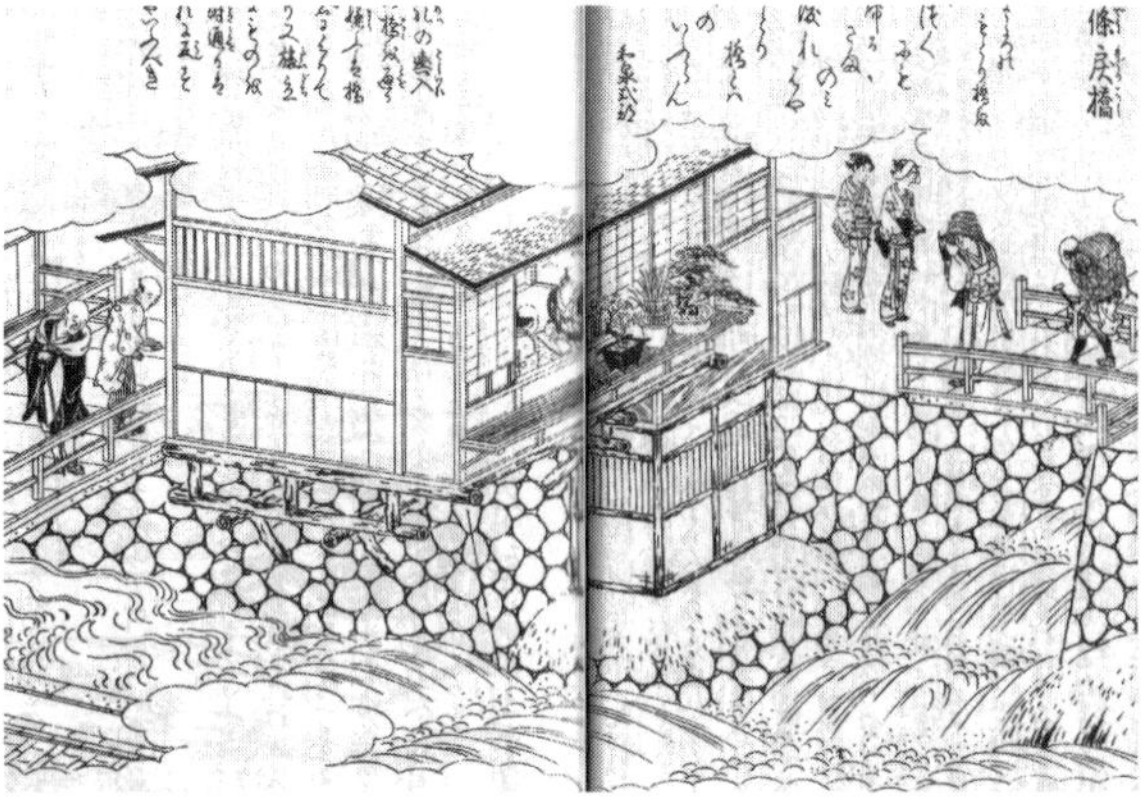

図 4　『都名所図会』に描かれた一条戻橋。二つの川の流れが相打ち合って激しく渦を巻く

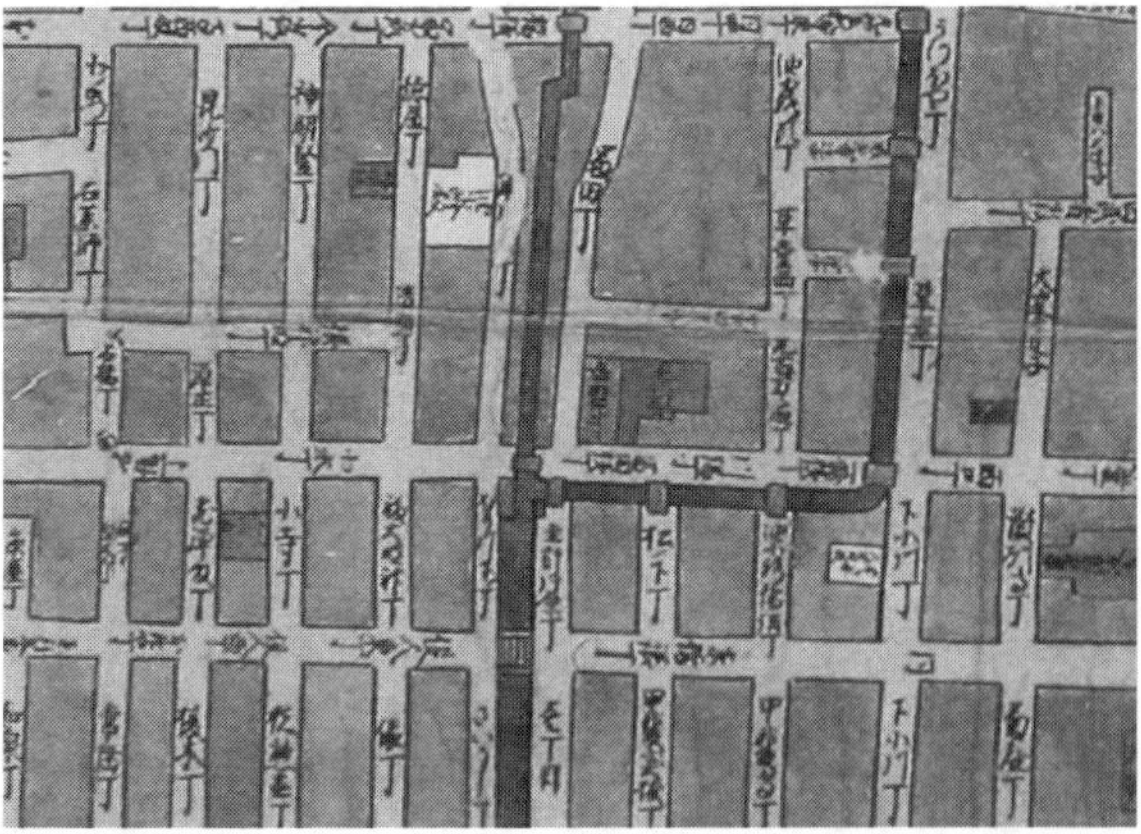

図 5　江戸時代（元禄 14 年）に描かれた一条戻橋。地図の中央に見えるのが戻橋

とは式神のことで、陰陽師が操る小さな鬼のようなものだ。いよいよこの橋の下の渦が、魔界への入り口に思えてくる。

平家の滅亡を予言した式神

さらに『都名所図会』には、『源平盛衰記』に「中宮御産の時、二位殿一条堀川戻橋の東の爪に車を立たせ辻占《つじうら》いを問給ふとなん」とも書かれている。では『源平盛衰記』を見てみよう。第十巻「中宮御産事」に、次のような話がある。

治承《じしょう》二（一一七八）年のことである。中宮（平清盛《たいらのきよもり》の娘）はなかなか子宝に恵まれなかった。そこで二位殿（清盛の後妻で中宮の母）が、一条戻橋の東詰めに車を立てて、橋占いをおこなった。すると、童髪の子どもが十二人、西のほうから手を叩きながら「榻《しじ》は何榻国王榻、八重の潮路の波の寄榻」と四、五回繰り返し歌いつつ、東へ飛ぶように走り去っていった。

戻橋から帰った二位殿は弟の平時忠《ときただ》にこのことを告げると、時忠は、下の句の

「八重の云々」はわからないが、上の句の「榻は何榻国王榻」は王子が産まれるというめでたい占いだ、と判断する。

榻とは腰掛けや細長い寝台で、牛車に乗り込むときの踏み台にも使用された。したがって、それが国王の榻になるという判断である。

そして、この占いはそのとおりになった。中宮の生んだ子が、のちの幼帝・安徳《あんとく》天皇である。下の句は、八歳で壇ノ浦《だんのうら》の海に沈むという運命を示していたのであった。そして次のように言う。

昔、安倍晴明が陰陽道を極めて、十二神将を使っていた。だが、晴明の妻が式神の顔があまりにも恐ろしいと言って怖がるので、この一条戻橋の下に隠しておき、用事のあるときに呼び出して使っていた。

だから、ここで橋占いをすれば、必ず式神が人の口に移って吉凶を教えてくれる。十二人の子どもとは、十二神将の仮の姿だったに違いない。

京の鬼門と安倍晴明の深い関わり

本来ここでは、山城国の四堺近辺にある鬼の国を探そうというものであった。それがなぜ一条戻橋の話をしたかというと、建礼門、朱雀門、羅城門が都の南に向かっているのに対して、戻橋のみが都の北端にあるからだ。もっと言えば、平安時代の内裏から見れば北東、つまり鬼門（艮《うしとら》の方向）にあたる（図6）。

この戻橋が陰陽師・安倍晴明と深い関わりがあるのは、北東方向が悪鬼の侵入する経路だとする発想が、陰陽道から発せられているからである。南ではないのだ。厄神祭は、かつては神道がおこなっていた。それが十世紀ごろから、陰陽道がおこなうようになったと考えられている。それで、内裏の北東端に位置する一条戻橋が、かつての朱雀門や羅城門の鬼を継承していったのだろう。

そうであるなら、大原・竜花道は、平安京の北東方向へつながることになる。実際に同地を訪ねてみると、鬼の子孫が棲んでいたとされる八瀬《やせ》の里がある。

さらに里の裏手にある瓢箪崩山《ひょうたんくずれやま》には、鬼童丸《きどうまる》が棲んでいたとされる「鬼が洞《ほら》」が

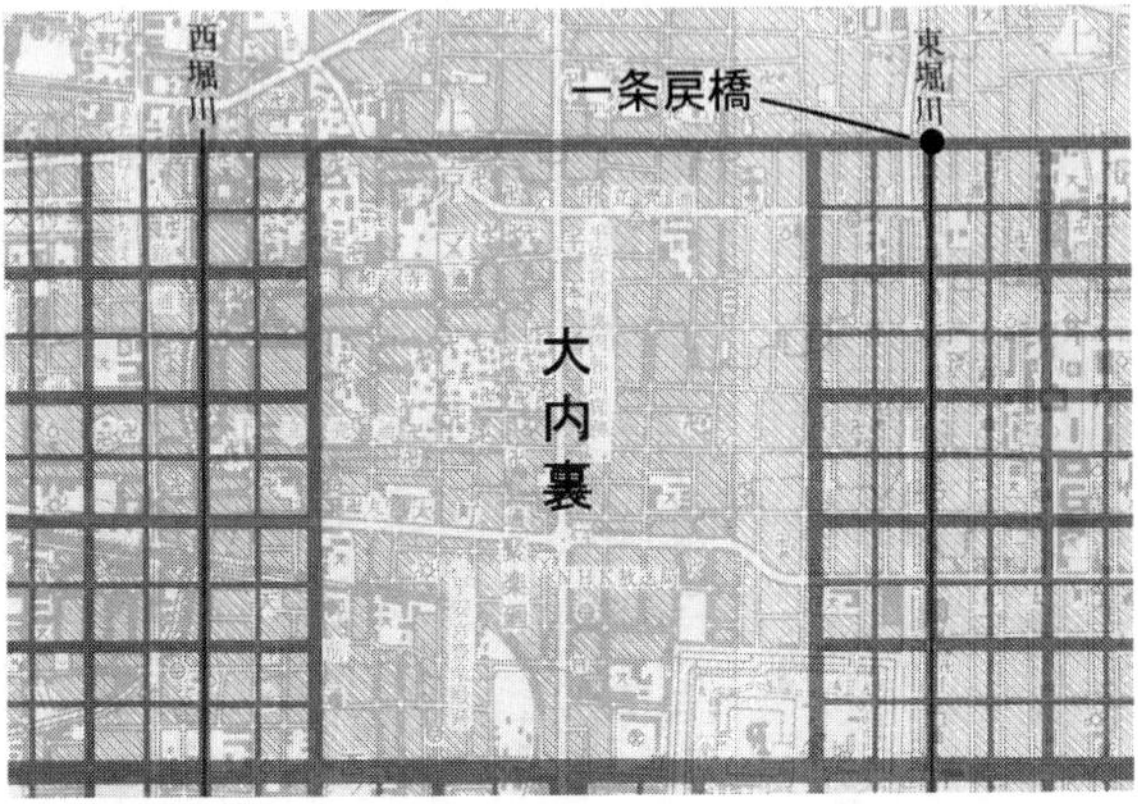

図 6　平安時代の一条戻橋は、大内裏の北東で平安京の北端にあったことがわかる。
この一条戻橋が、陰陽師の安倍晴明と深い関わりがあるのは、北東方向が悪鬼の侵入する経路だとする発想が、陰陽道から発せられているからである（『京都歴史アトラス』30 頁に著者加筆）

ある。この洞は、酒呑童子が大江山に移る前に棲んでいたとされ「酒呑童子洞」とも呼ばれている。そのほかにも、大原の摂取院に伝わる龍蛇伝説などがある。

山を一つ西へ越えれば、鞍馬、そして貴船《きぶね》がある。室町時代の御伽草紙『貴船の本地』に次のような話がある。これはまさに鬼の国の話だ。

寛平法皇《かんぴょうほうおう》の時代に、二條の中将定平という人がいた。生涯の伴侶《はんりょ》になる女房をさがしていたが、なかなか目に叶う女が見つからない。なんと三年間に五百六十人も妻を迎え、離縁したのであった。

そんな折、評判の絵師が描いた女性の絵を見た定平は、その絵の女に恋をしてしまう。恋の病にかかってしまった定平は、その絵の持ち主に描かれた女性を教えてほしいと頼み込む。すると絵の持ち主は、次のように語り出した。

鞍馬の僧正ヶ谷の奥に大きな池があるが、この池の艮（北東）のあたりに大きな岩屋があり、その奥へ三十里ばかり行くと鬼国という国がある。絵の女性は、そこの王の娘なのだ、と。

そこで定平は、多くの寺社に参詣《さんけい》して、その国へ行けるように祈った。最後に鞍馬で二十一日間も祈ったところ、毘沙門天《びしゃもんてん》が夢に現れ、鬼は背丈が十六丈（約五十メートル弱）、顔は八つ、角は十六本、眉は剣のようだ。声は百千の雷のごとく恐ろしいが、それでもいいのか、と尋ねられる。

定平はそれでもかまわないと返事をする。すると毘沙門天は、今その女は鞍馬に参詣しているのだと教えてくれた。

そうして、やっと絵の女に会えた定平は、女に従って鬼国を訪問する。

鬼国は、黄金の門や築地《ついじ》（屋根を瓦で葺《ふ》いた土塀《どべい》）が建ち並んでいた。女の御所に入るとまもなく鬼神がやってきて、王が呼んでいるという。女は人が小さくなる杖《つえ》で定平を二、三寸にし、お守りの袋の中に入れて王の前へ出た。

鬼王は酒を飲んでいるが、肴《さかな》は人間で、俎板《まないた》の上に載せられている。王は言った。

「お前は、日本から男を連れてきただろう。すぐに男を出せ。さもないと、お前を食うぞ」

なんとかその場をやり過ごして、女の御所に帰った二人は、来世で夫婦になる約束をする。しかし、鬼のほうがはるかに寿命は長く、人間の一生とでは年月がまるで違う。

そこで女は、父に殺されることとし、都に帰った定平は女の供養《くよう》をして暮らすことにした。定平は、のちに生まれ変わったこの女と、めでたく夫婦となる。

図7は鬼の宮殿内で、人が俎板に載せられている場面を描いたものである。鞍馬の僧正ヶ谷の奥に、このような鬼の国があったのだ。

この話には後日談がある。人間界で夫婦となり幸せとなった二人を、鬼王は食い殺そうとやってくる。ところが鞍馬の毘沙門天が、鬼を追い払う節分の豆まきを教えたため、二人は助かったのだった。

幽谷の鞍馬に足を踏み入れると……

先の一条戻橋と違って、貴船や鞍馬は今でも充分、ここで描かれたような幽谷《ゆうこく》の雰囲気を持っている。しかし、古地図を見れば、また違った雰囲気を察せられる。

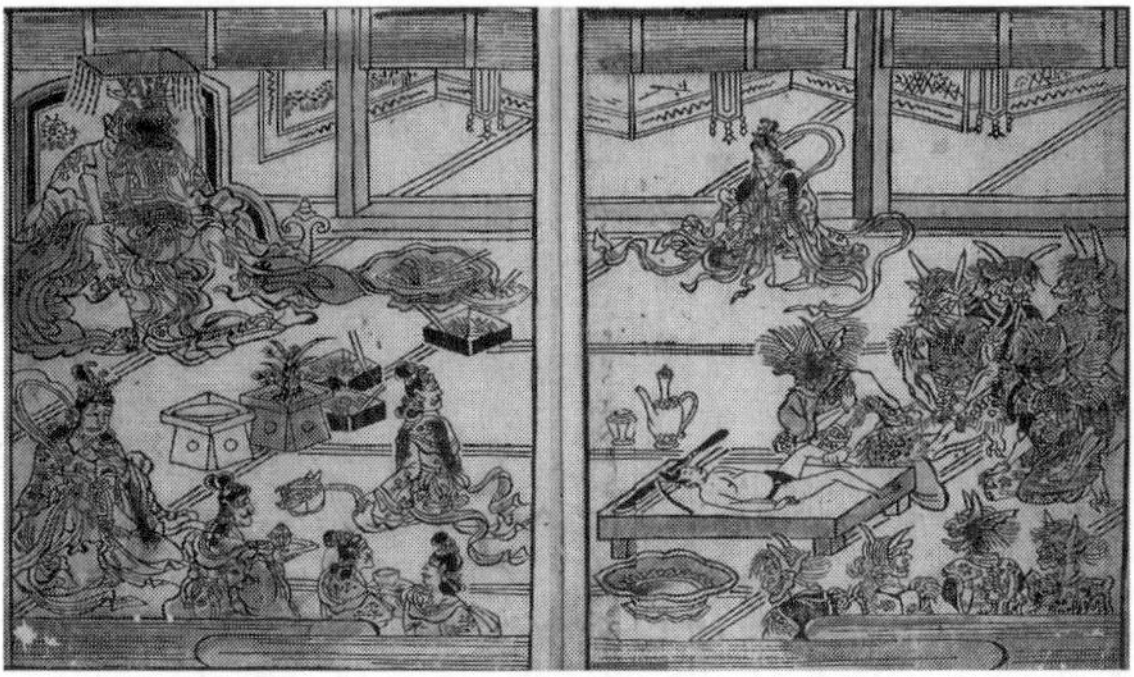

図７　『貴船の本地』に描かれた鬼の宮殿。
鬼王は酒を飲んでいるが、肴は人間で、俎板の上に載せられている（図の中央やや右下で人間が俎板の上に載せられている）。
当時は鞍馬の僧正ヶ谷の深奥に、このような鬼国があるとされていた（『京都大学蔵 むろまちものがたり９』臨川書店より）

図8は、先で使ったものと同じ「元禄十四年実測大絵図（後補書題）」だ。

この時期の京都図は、洛内とは反対に洛外の寺社や山川が絵画風に描かれ、色彩も豊かになっていく特性がある。したがって、この部分だけ抜き出せば、とても地図とは思えない。ゆえにこの貴船・鞍馬の山深い様子がよく描かれているのだ。

少し字が小さいが、鞍馬寺と貴布祢社（貴船神社）のあいだに「僧正谷」と書かれているのが見える。そこはより一層、森が深く、奥には谷があるのも確認できる。この谷の奥に、話に出てきた鬼国があった。その先は近江《おうみ》国との国境にあたる。

僧正谷の右に、さらに小さい文字で書かれているのが不動堂である。

これまた室町時代の御伽草子『天狗《てんぐ》の内裏』には、この不動堂の北東に、天狗の国があると書かれている。そこはまるで極楽世界のようで、なんと紫宸殿（内裏における正殿。第参章の図6参照）まであるのだった。

天狗の国を訪れた義経

この天狗の国を訪問したのが、あの牛若丸《うしわかまる》（源義経《よしつね》）である。彼はこの国の天狗

図 8　江戸時代（元禄 14 年）に描かれた貴船（貴布祢社）と鞍馬寺。あいだに「僧正谷」がありその右に「不動堂」とある

たちに歓待され、浄土《じょうど》で大日如来《だいにちにょらい》に生まれ変わった父の義朝《よしとも》に会わせてもらう。義朝は、讃岐の法眼《ほうげん》が伝える秘法の巻物を、法眼の娘を通じて盗み、さらに鬼の島の大将、八面大王《はちめんだいおう》の娘婿となり、虎の巻を引き出物として獲得し、そして平家を討伐《とうばつ》せよ、と牛若丸に命じるのだ。

『義経記』にも類似の話がある。巻第一「牛若きぶねまうでの事」では、牛若丸が貴船神社に詣《もう》で、平家討伐を祈願する。

そして巻第二の「鬼一《きいち》法眼の事」では、「虎の巻」とも呼ばれ、天皇家に代々受け継がれていた中国伝来の兵法書『六韜《りくとう》』が、陰陽師・鬼一法眼のもとにあることを知った牛若丸は、法眼の娘を通じて「虎の巻」を盗み出すのであった。

これらはそのまま「天狗の内裏」に出てくる天狗の国の訪問と、父からの命令とに置き換えることができるではないか。そして興味深いのは、その鬼一法眼が居する場所だ。『義経記』には次のようにある。

そのころ一条堀川に、陰陽道の法師で鬼一法眼という文武両道を併せ備えた者がいた。天下人の祈祷《きとう》をする人だったが、この書物（『六韜』）を頂戴し秘蔵していた。

義経は、それを知るとすぐ山科を出た。やがて法眼の屋敷の近くまで行くと中の様子を窺《うかが》った。法眼の屋敷というのは、京の街中にあるのに厳重につくってあり、四周に掘った堀は水をたたえ、八つの物見櫓《ものみやぐら》をこしらえてあった。

つまり法眼は、一条戻橋のあたりに城のような構えの家をつくって棲んでいたことになる。その上、彼は安倍晴明と同じ陰陽師なのだ。ここでまた話は、一条戻橋に戻ることになるわけだ。

貴船は先住民たちの神々

光文社の『京都魔界案内』に、次のようなことが書かれている。

貴船神社は鴨川の水源地の一つにあたる水の神であり、さらに鞍馬寺の鎮守《ちんじゅ》的な役割とともに、賀茂社の奥社のような役割を演じている。

つまり、もともとは平安京の造営以前からこの地に座する神でありながら、新しい征服者の信仰する神仏に屈した神なのではないか。

貴船は平安京以前に棲んでいた先住民たちの神だったというのだ。

第弐章で取り上げた土蜘蛛の話を思い出してほしい。彼らは奈良の古代国家発祥の地から京にまで追われ、さらに北の山々に逃げ込み、そこから支配地の奪回を目論んでいたのかもしれない。それが平安京へ出没する鬼たちだったのだ。

貴船神社で忘れてはならないのが、謡曲の「鉄輪《かなわ》」であろう。次のような話だ。


ある下京の女が、夫が自分を棄《す》てて後妻を迎えたのを恨み、貴船の社に丑《うし》の刻詣りに行く。すると「鉄輪の三つの足に松明《たいまつ》をともし頭にいただき、顔は丹《に》を塗り、身には赤い衣を着、怒れる心を持てば、たちまち鬼神となるであろう」というお告げがあった。

そのころ、夫のほうは毎夜、悪夢を見るので、安倍晴明に占ってもらう。すると前妻の恨みで、今夜にも命が危ないと教えられる。男は驚いて、晴明に調伏《ちょうぶく》の祈祷をしてもらう。

すると前妻が鬼女となって現れた。恨みの数々を述べ、夫を連れていこうとした。しかし、三十番神《さんじゅうばんしん》に追い立てられて力なく退散する。

地下水路が現世と鬼の国を結ぶ

これに類する話は、やはり『平家物語』の「剣巻」にもある。ここでも貴船と安倍晴明がセットで登場する。安倍晴明は、一条戻橋の近くに住んでいた。

次頁の図9は、寛延《かんえん》三（一七五〇）年の「中古京師内外地図」（国際日本文化研究センター所蔵）である。これは平安時代の情報を復原した地図で、一条戻橋から一ブロック離れた南東に安倍晴明の名が見える。

戻橋のすぐ南東の家に「山里庵源頼光家　後道綱亭」とあるのも興味深い。なぜなら源頼光も、鬼退治で名を馳せているからである。

この地図はあまり正確とは言えないようだが、平安時代の歴史物語『大鏡《おおかがみ》』には、花山《かざん》天皇が退位する際、安倍晴明邸の近くをとおると邸内から話し声が聞こえたので耳を澄《す》ますと、それは帝の退位を予言する内容だったという記録が残っている。

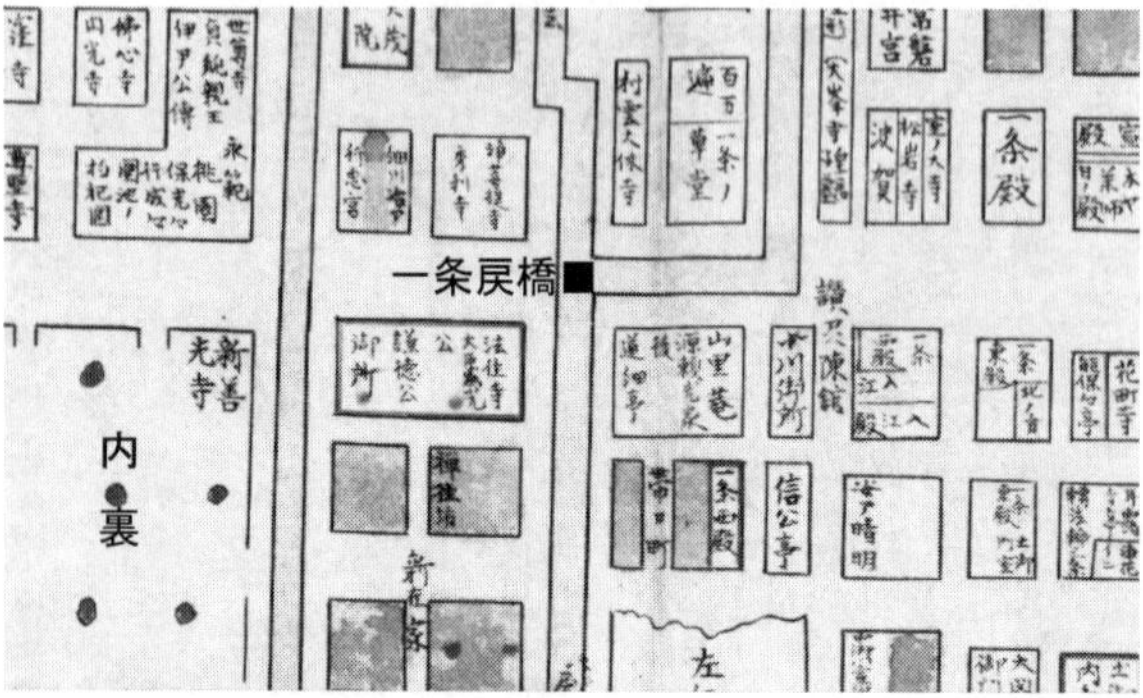

図 9　安倍晴明宅は図中央のやや右下（信公亭の右）にあり、一条戻橋や内裏にもほど近かった。
戻橋のすぐ南東（図中央の右）の家に「山里庵源頼光家 後道綱亭」とあるのも興味深い。源頼光も、鬼退治で名を馳せていた

そこに「晴明の家は、土御門通と町口通の交差する地点」とあるので、この地図もあながち間違いではないだろう。

貴船と一条戻橋、そして安倍晴明のつながりは水にありそうだ。先に紹介した「元禄十四年実測大絵図（後補書題）」（図5参照）を見てみると、一条戻橋に向かって一ブロック分ほど東から、直角に曲がって入ってくる川筋がある。

この川筋の水源を求めて遡ってみると、なんと貴船神社に至るのだ。

つまり、先住民の水の神であり古代国家にとっての鬼は、この水路を伝って都を目指し、一条戻橋の下に渦巻く水流の中から平安京へと躍り出ていたのである。

大正期までの京都の伝承を集めた『京都民俗志』には、次のような興味深い話がある。

都の北に鬼が跳梁《ちょうりょう》して困っていたところ、鬼同士の対話をひそかにもれ聞いた人があって、鬼は貴船の奥の谷に住み、地道を通って深泥池《みどろがいけ》畔に出て、そこから這《は》い出して世間へ現われることがわかった。そこで鬼のもっとも厭《いと》う豆をその穴へたくさん投げこんでふさいだら、以後鬼も出なくなったと伝えられている。それから京洛では、毎年節分には炒《い》り豆を枡へ入れたり紙に包んだりして、同所へ捨てに行くこととなり、豆塚《まめつか》と呼んだ。この風習は近ごろまったくすたれた。その鬼を鎮めるために祭ったのは、同所の貴船神社であるとも、貴船の奥院であるともいう。

千年前から怪奇の舞台だった深泥池

ここでは貴船の鬼の出没地が深泥池（写真3）とある。地下道をとおったとあるが、それは地下水路であったのではなかったか。やはり貴船の鬼は、水を伝って都にやってきたに違いない。

寛保元（一七四一）年の「増補再板京大絵図乾」（図10）には、深泥池の南東に豆塚が描かれている。

そして室町時代後期の「洛中洛外図屏風《らくちゅうらくがいずびょうぶ》」（上杉家本）によると、この池の横に関所と地蔵が描かれているのだ。

関所や地蔵があるということは、ここにも都の堺、つまり鬼が顔を出すべき場所

写真 3　深泥池（著者撮影）

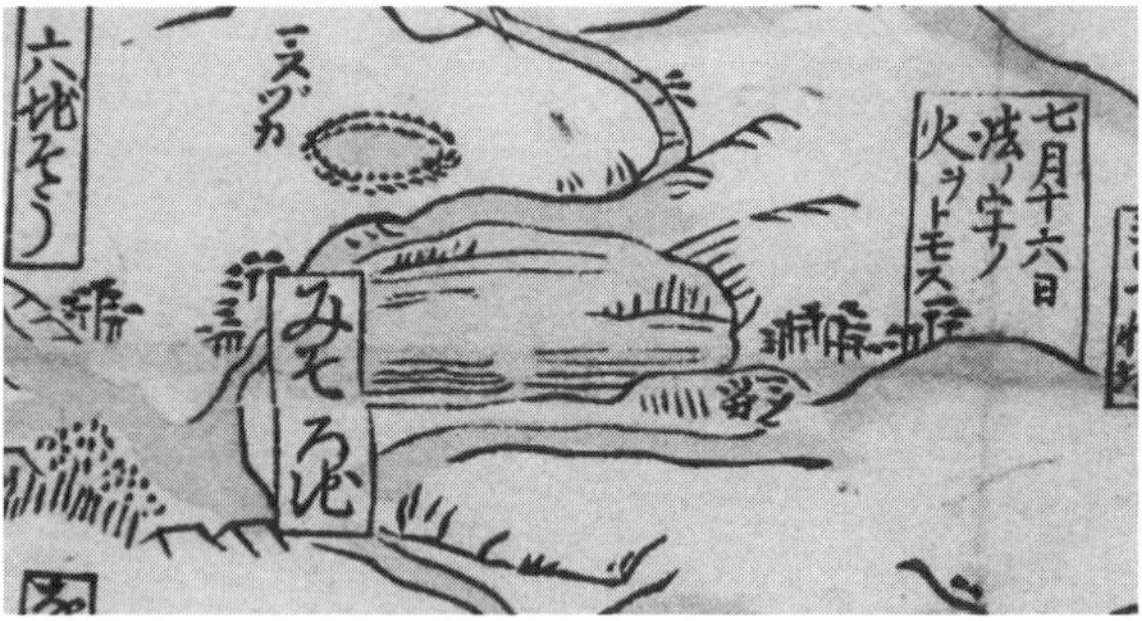

図 10　「みそろ池」とあるのが深泥池。その右下（池の南東端）に「マメヅカ」がある

があったということである。

現在の怪談、あるいは都市伝説でも、深泥池は人気スポットだが、そういった理由も古地図は語ってくれる。

第五章

疫病神から都を守る人々

『不動利益縁起絵巻』より

酒呑童子を斬った武士たち

一条戻橋の魔界転移機能は、じつは北東方向だけでなく、北西方向にも向かっていた。たとえば、先に紹介した渡辺綱の話では、綱を捕えた鬼は愛宕山に飛び去ろうとしていた。

また「中古京師内外地図」にあったように、源頼光が戻橋の南東に住居を構えていたのであれば、大江山の酒呑童子にもつながる。よくよく考えてみると、渡辺綱も頼光の関係者である。

どうも陰陽師の安倍晴明が北東方向に関わり、源頼光が北西方向に縁があるようにも思える。それは内裏の北西門にあたる安嘉門近くにあった（これも頼光が退治している）土蜘蛛の棲家「蜘蛛塚」（第弐章の図4参照）の場合も同じであった。

そこで本章では、都の北西を訪ねてみよう。

山城国の北西から来る道で道饗祭をおこなったのは、前章の図1によると大枝堺、つまり現在の老ノ坂である。ここに酒呑童子の首塚がある。

酒呑童子の話は、岩波文庫の『御伽草子（下）』に出てくる。絵巻が見たければ中央公論社の「続日本の絵巻26」に『土蜘蛛草紙・天狗草紙・大江山絵詞』がある。おおよそ次のような話だ。

正暦《しょうりゃく》（九九〇～九九五年）のころ、京の都の人々がさらわれる事件が相次いで起きた。安倍晴明が占うと、丹波国大江山に鬼の国があり、そこの鬼たちの仕業《しわざ》だと判明する。

そこで朝廷は、源頼光らに鬼退治の勅命《ちょくめい》を下す。命をうけた頼光、そして配下の渡辺綱ら四天王は、それぞれ石清水八幡宮《いわしみずはちまんぐう》、日吉社《ひよし》、住吉社《すみよし》を詣で、鬼退治の祈願《きがん》をする。大江山に向かった一行は、山中でこれら詣でた神々の化身《けしん》の案内を受け、大江山の鬼の国に到着する。

鬼の国の首領は酒呑童子であった。頼光ら一行は山伏の姿をしていたので、旅の山伏と見誤った酒呑童子は、彼らを鬼の宮殿に招き入れ、酒宴《しゅえん》を催《もよお》す。いずれ山伏たちを食おうとする鬼たちも加わり、田楽《でんがく》や仮装行列を披露《ひろう》した。

神々の援助を得て、さらわれていた都の人たちを助け出した頼光たちは、刀を抜き酔い崩れた鬼たちを斬り殺す。酒呑童子も首を落とされるが、その首は飛んで、頼光に食いつこうとする。だが、四天王がその目をくり抜くと、ついに息絶えた。頼光と四天王は、酒呑童子の首を土産に、意気揚々《いきようよう》と都に凱旋《がいせん》するのであった。

このように、北西方向にも鬼の国があったことになる。

その国の様子は、先の『御伽草子』によると「鉄の築地をつき、鉄の門をたて、口には鬼が集まり番をして……瑠璃《るり》の宮殿玉を垂れ、甍《いらか》を並べたておきたり。四節の四季をまなびつつ、鉄の御所と名づけて、鉄にて屋形を建て」とある。

これはあの『貴船の本地』の鬼国にそっくりである。絵巻でもその様子が描かれている（図1）。画面右側にいる山伏姿が頼光たちで、対面している大柄な男が酒呑童子の昼の姿である。まわりに侍《はべ》る姫君は、都でさらわれた中納言の娘たちだ。

酒呑童子の姿は『御伽草子』によると「昼薄赤くせい高く、髪は禿《かむろ》におし乱し、昼の間は人なれども、夜になれば恐ろしき、その長一丈余りにして」とある。禿と

図1　酒呑童子は鬼の棟梁で、日本三大悪妖怪の一角ともいわれる。
図は「大江山絵詞」に描かれた酒呑童子の宮殿。図の中央やや左上にいる大柄な男が酒呑童子である。都からさらってきた姫たちを侍らせている（『土蜘蛛・天狗草紙・大江山絵詞』88 頁より）

は子どもの髪型のことで、一丈は約三メートル。

ここでも、渡辺綱に戻橋で腕を斬られた鬼（茨木童子）の話が出てくる。やはりこの二つの場所は連動しているようだ。

じつはこの大江山とは、大枝堺のことだとする説がある。つまり丹波国福知山《ふくちやま》の大江山ではなく、山城国と丹波国の国境にあたる大枝堺、現在の老ノ坂のことである。ここには天武《てんむ》朝のころから大江関が置かれ、古くから山陰道の関所としての役割があった。

さらに古地図を見ると、地蔵（子安地蔵）も見える（図2）。つまり道饗祭がおこなわれるべき場所だったのだ。鬼が出没し、その周辺に鬼の国があってもおかしくない。酒呑童子の首塚がここにあるのは、この疫神祭《えきじんさい》の痕跡だと考えられる。

北東に陰陽師、北西に源氏

しかし、道饗祭とは鬼を接待して、鬼に機嫌よく鬼国に帰っていただくための祭りのはずではなかったか。この話では、どちらかと言えば頼光たちが接待を受け、

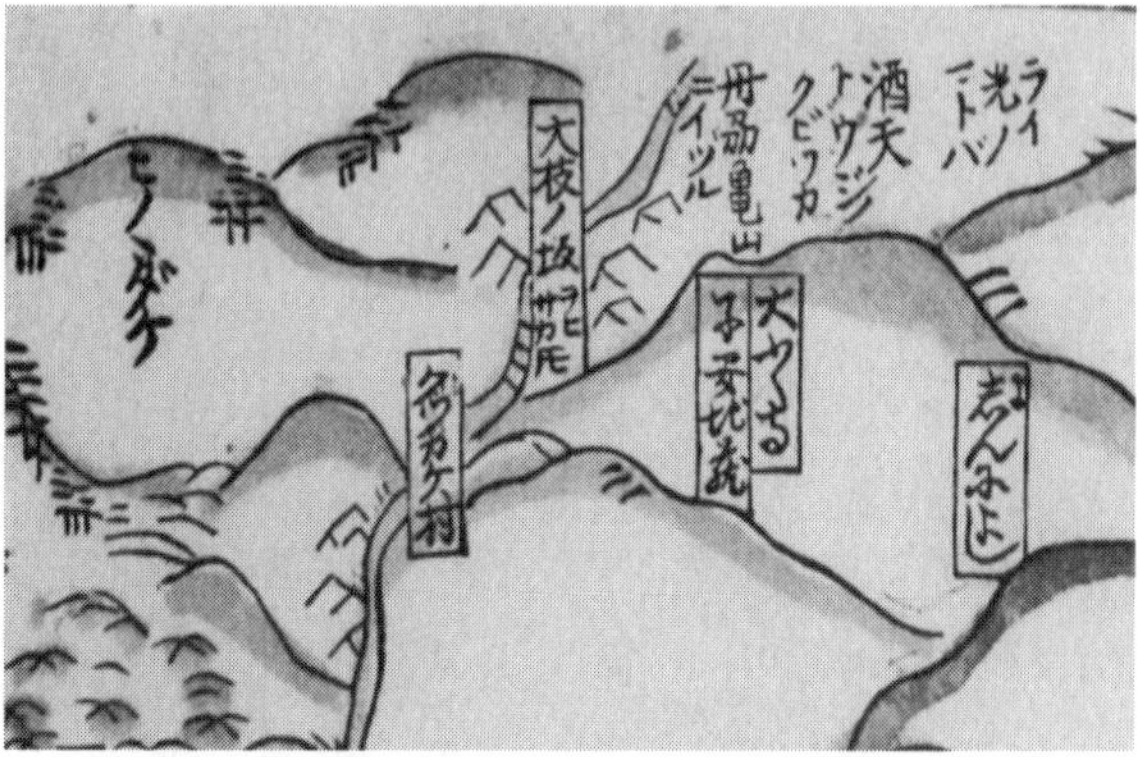

図2　江戸時代（寛保元年）に描かれた大江坂の酒呑童子の首塚（図の右上に「酒天トウジノクビツカ」とある）。
隣に「大枝ノ坂」、その右下に「子安地蔵」とある

その上で武力討伐《とうばつ》している。これは変だ。

かつて妖怪退治には、さまざまな方法があった。神道、仏教、陰陽道、そしてそれらの混合などがあるが、どうも新しい方法が登場したようだ。武士の登場とともに、ついに武士が妖怪退治に乗り出したのであった。

しかもそれが、都の北西方向というのが面白い。なぜなら、この源頼光は、源満仲《みつなか》の子だからである。彼らは清和天皇を祖とする清和源氏を名乗り、本拠地を摂津国の多田《ただ》（現在の兵庫県川西市）に置いた。

図3は平安京の北西方向にある魔界の分布である。山城国の四堺の一つが山陰道の関所にあたる大枝堺である。ここにまず頼光が退治した酒呑童子の首塚がある。その北に愛宕山がある。そしてそのはるか北西に大江山がある。中間にある綾部には第弐章で紹介した綾部市「位田の高城」の土蜘蛛伝承がある。

これら分布図に、頼光の本拠地・多田を入れてみると、興味深い事実が浮かび上がってくる。多田は摂津国の北にあり、丹波国に接している。そして山城国の堺にも隣接しているのだ。

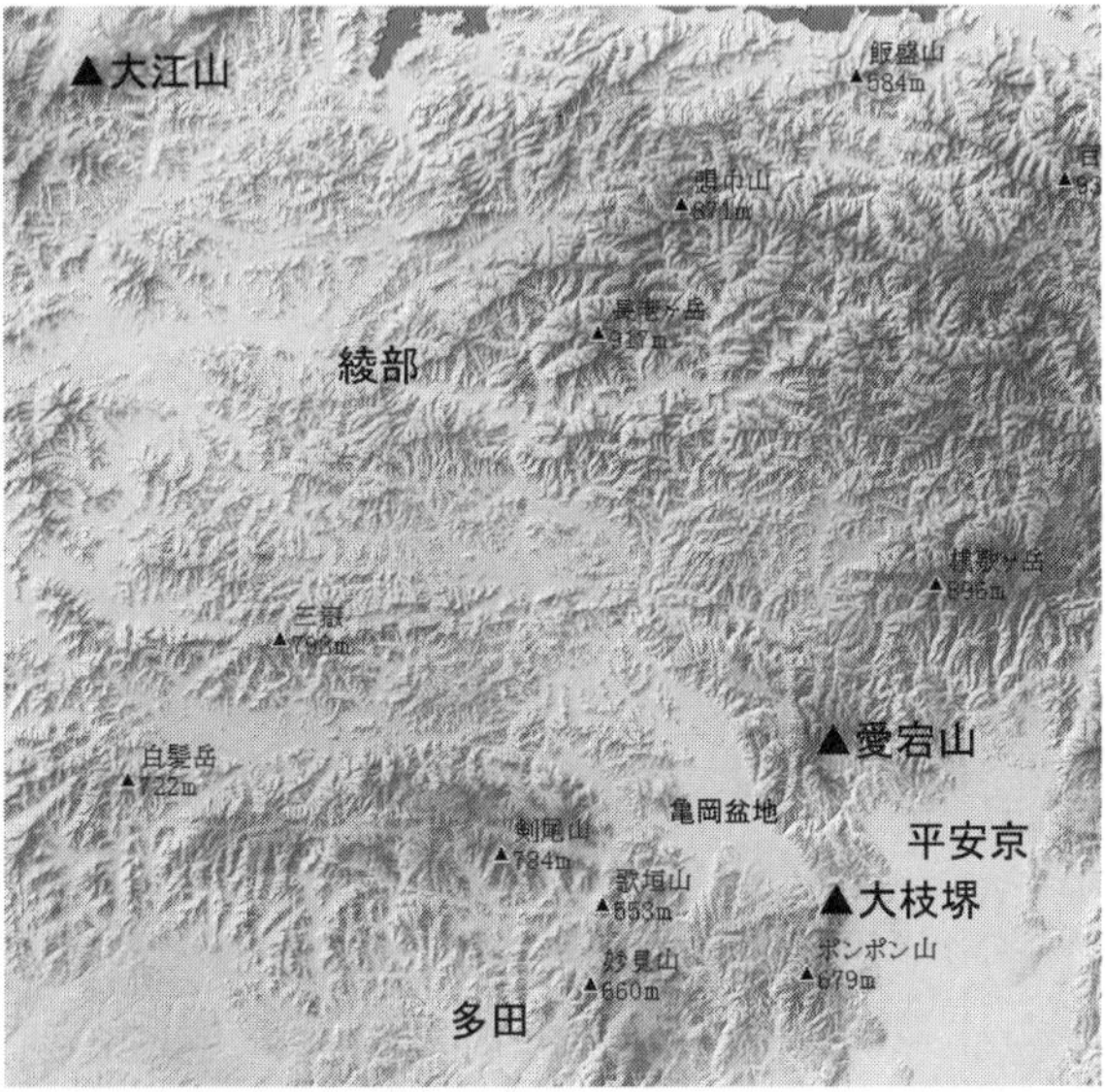

図 3　平安京の北西方向にある魔界の分布図。図の下に頼光の本拠地・多田がある

彼らは平安京に出るのに、いったん丹波国、現在の亀岡盆地に出て、大枝堺を通過した。多田に住む彼らにとって、それが一番の近道だったからだ。つまり多田は、都の北西を守護するのに、もっとも適した位置にあったのだ。

このように考えると、一条戻橋を魔界転移装置の起点として、そこに陰陽師と侍が住み、陰陽師が得意の鬼門、つまり北東方面を守護し、多田を本拠地とした源氏が北西方面を守護していたのである。山城四堺のうち大枝堺にだけ、鬼の首塚という強烈な武力を誇示する標が付されていた理由は、このことによるのだった。

不動明王が流した血の涙

さて今度は、東海道、東山道、北陸道を行く場合の堺を探索してみよう。前章の図1を見ていただきたい。これら街道の疫神祭の場は会坂堺、現在の逢坂山である。

前章で天皇の住む領土を畿内と紹介したが、これが初めて記録に現れるのが『日本書紀』大化《たいか》二(六四六)年の記事である。これは、あの有名な大化改新の詔《みことのり》のことである。そこに畿内の範囲を示した部分があり、北の堺を「近江の狭々波の合坂山（逢坂山）」としている。

つまりここは、古くから畿内の境界部にあたるのである。関所も置かれていたことが、記録にも残っている（『日本紀略』）。この逢坂山を、滋賀県側に抜け出たところに三井寺《みいでら》（園城寺《おんじょうじ》）がある。そこに、次のような話が残っている。


三井寺の智興内供という尊い僧が、流行病を患って重態に陥《おちい》った。

安倍晴明に見てもらったところ「これは前世の業によって決まっていることで、どうすることもできない。ただ、弟子の誰かが身代わりになるというなら、病を移し替えることはできる」と言った。

多くの弟子たちが居並んでいたが、皆伏し目がちになり、応える者はいなかった。そのとき、証空阿闍梨《あじゃり》という年若く地位の低い弟子が、身代わりを名乗り出た。ただし年老いた母がいるので、最後の別れを告げてきたいと言う。

母を説得して帰ってきた証空阿闍梨に、智興の病を移す泰山府君《たいざんふくん》の祭が晴明によっておこなわれた。すると智興は元気になり、証空阿闍梨に病が移り始めた。病に罹った証空阿闍梨は一人、部屋で不動明王に向かって祈った。

師匠の身代わりになった弟子の姿を見た不動明王は、眼より血の涙を流して「汝《なんじ》は師にかわる。我は汝にかわろう」と言った。そのありがたい声は、証空阿闍利の骨をとおり肝《きも》にしみた。

「ああ恐れ多い」と合掌《がっしょう》して念じていると、身体が楽になっていく。そしてその日の内に回復したのであった。その後、証空阿闍利は智興のもっとも信頼する弟子となった。


この話は有名で、さまざまな記録が残っている。手にとって読みやすいのは、やはり岩波文庫の『今昔物語集　本朝部（中）』であろう。

絵巻もある。この絵巻は『不動利益縁起絵巻』といって、安倍晴明が泰山府君の祭をおこなっている場面（図4）があり、これもさまざまな妖怪画集に掲載されている。図4の右で祭文を読んでいるのが安倍晴明で、その後ろにいるのが一条戻橋の下に鎮めてあるという式神である。祭壇《さいだん》をはさんで向かい合っているのが疫病神《やくびょうがみ》

図 4　『不動利益縁起絵巻』にて描かれた泰山府君の祭をおこなう安倍晴明。
祭文を読んでいるのが安倍晴明で、その後ろに控えているのは、普段は晴明が一条戻橋の下に鎮めているという式神。
祭壇をはさんで向かい合っているのが疫病神である（別冊太陽『妖怪絵巻』平凡社、29 頁より）

たちである。つまりこれが、疫神祭の一場面ということになる。

もう一つの魔界は都の東端に

道饗祭もこのようなものだったのだろうか。

疫病をもたらす鬼たちに、ご馳走《ちそう》して機嫌よく帰っていただく――。そのような祭だが、たしかに祭壇の上には、何やら食べ物のようなものが並べられているように見える。御幣《ごへい》が立てられているが、そもそも幣とは謝礼としての贈り物であるから、接待しているのだろう。それが畿内のすぐ外、つまり畿内と畿外の境、逢坂山近くの三井寺でおこなわれているのだから、道饗祭といっていいのかもしれない。

このように、平安京の北東方向とともに、東海道、東山道、北陸道という東と北に向かう街道も、陰陽道が担当していたのである。

『不動利益縁起絵巻』には、証空阿闍梨の身代わりとなった不動明王が、閻魔王庁に引き立てられていく場面が描かれている。この絵巻には、さまざまな鬼たちが描かれている。火焔《かえん》を出すのが不動明王で、門前には門番の鬼がいる。明王を引き立てていくのが牛頭、馬頭、鬼、冥官《みょうかん》で、護法童子がつき添う。

本章の扉絵は、その一行が閻魔王庁に到着したところである。不動明王が怒りで火焔を噴いた場面で、それを見た冥王が跪《ひざまず》き、拝礼している。引き立て役だった牛頭、馬頭、冥官はうなだれている。

まさに不動明王の利益を説く絵巻、というわけである。ここに描かれた場面は、山城国の東の堺にあるもう一つの鬼の国、魔界だったのだ。

祇園社に祀られた牛頭天王

この道を、もう少し平安京に近づけて見てみよう。するとまた別の鬼の国が見えてくる。平安京を出て東国を目指すには、三条大橋の粟田《あわた》口か五条の伏見《ふしみ》口を通ることになる。その中間の四条にあるのが祇園《ぎおん》社、今の八坂《やさか》神社である。ここにも鬼の国の話がある。『祇園牛頭天王縁起』を見てみよう。

須弥山《しゅみせん》の中腹に豊饒国という国があった。その国に、牛頭天王という牛の頭をして赤い角のある王子がいた。ところが、この姿を恐れて誰も后《きさき》になってくれない。あるとき、牛頭天王が気晴らしに狩りに出ると、山鳩が来て「龍宮の八海龍王の三女を嫁に定めよ」と告げた。喜んだ牛頭天王は龍宮へ行くことにする。途中、日が暮れたので宿を探していた牛頭天王は、古端将来という長者の家を訪ねるが断られる。断られた怒りに古端を蹴《け》り殺そうとするが、嫁とりの前なので我慢した。

次に蘇民将来の家を訪ねる。その家は貧乏であったが、快くもてなしてくれた。喜んだ牛頭天王は、蘇民に宝物の牛玉を与える。そして龍宮を訪問し、姫の内裏を訪ねた……。

八年過ごし、八人の王子に恵まれた牛頭天王は、本国に帰る途中、蘇民の家を訪問する。牛玉のお陰で家は立派になっていた。次に古端の家を訪問する。古端の家では、博士を招いて占いをおこなっている。博士は「牛頭天王が、三日以内に古端将来をはじめ家来を蹴り殺しに来る」と言った。

古端は、博士の助言で千人の法師を招き、大般若《だいはんにゃ》経を七日間、昼夜をとおして読経し、この難を逃れようとした。すると六百巻の大般若経が鉄の壁となった。だが、牛頭天王が眷属に探査させると、一人の法師が文字を落としたため、そこに鉄の窓が開いている。牛頭天王の眷族たちは、その窓から走り入り、古端の一族郎党をことごとく蹴り殺したのだった。

裕福でも慈悲《じひ》のない者は滅びるが、貧乏でも慈悲のある者には福が来るものだ。その後も牛頭天王は古端将来を呪《のろ》い、反対に蘇民将来の子孫は病もなく平安で、長生きするように加護し続けると宣言した。

この牛頭天王を祀っているのが、祇園社なのである。古地図でこの祇園社を見ておこう。これは元禄十四（一七〇一）年の実測大絵図であるが、これも洛外の寺院や山川を絵図のように描く時期の古地図である。

次頁の図5は、上が東になっている。したがって左端の大道が三条で、鴨川にかかるのが三条大橋だ。この道が東海道となる。そして中央に架かっているのが四条の橋で、今と違って小さい。

図には入っていないが、さらに右に行けば五条通があり、ここもまた東海道に合

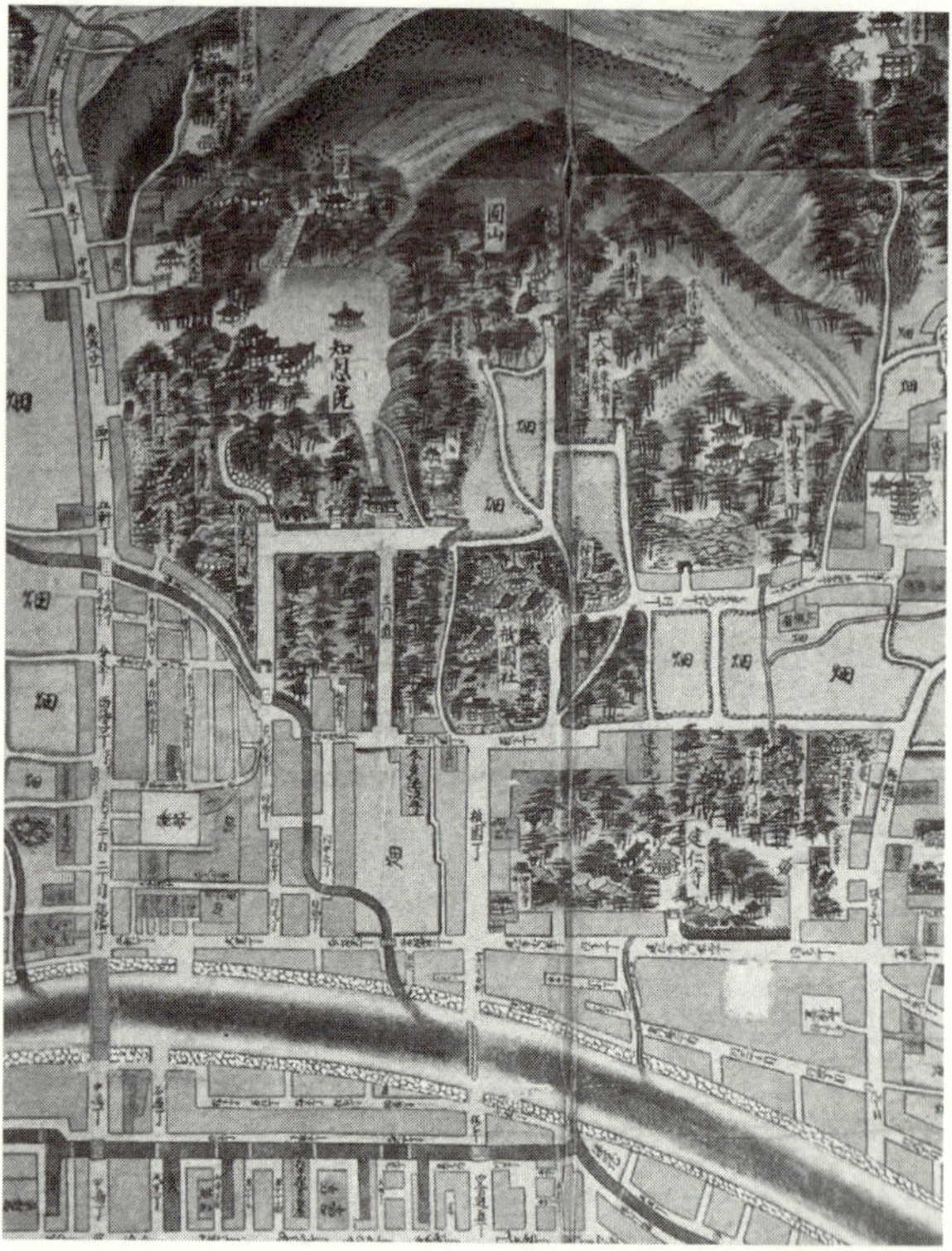

図5　江戸時代（元禄14年）に描かれた祇園社。図の中央に「祇園社」とある。図の下を流れる川が鴨川で、左に架かっている橋が三条大橋。四条の橋は中央に架かっているが、今と違って小さい

流する。このあいだを、この牛頭天王という疫神を祀る祇園社が鎮座しているのだ。

朱雀大路が平安京の南北の中心軸であったのに対して、四条大路は東西の中心軸であるというのも意味があるだろう。そして平安京の東端になるわけだから、朱雀大路でいえば羅城門のすぐ外に相当する。

ここもまた、今までの道饗祭と同様の条件を兼ね備えた場所である。そして牛頭天王は、接待してくれた家を守護するのであった。当然のように都人たちは、蘇民将来の子孫を名のり、そのお札を門口に貼り、疫病から逃れようとした。

そして、京都でもっとも有名な祭が、この厄神を祀る祇園祭なのである。今でも京都の人たちは、牛頭天王を接待し続けているわけだ。

連動する道祖神たち

最後に、その他の京都の疫病神たちを探してみよう。『宇治拾遺物語』に次のような話がある。

道命阿闍梨《どうみょう》という藤原道綱《みちつな》の子で、色事にふけっている僧がいた。この僧は経をみごとに読む。ある夜、和泉式部《いずみしきぶ》のもとへ行き、事をすませて寝ていたが、ふと目が醒《さ》めたため、法華《ほけ》経を読みふけっていた。

明け方、人の気配がする。「誰だ」と尋ねると、「私は五条西洞院《にしのとういん》のほとりに住む翁《おきな》です」と答えた。そして次にように言うのだった。

「このような素晴らしいお経を聞かせていただいて、一生忘れません。あなたが身を清めてお読みになるときは、梵天《ぼんてん》、帝釈《たいしゃく》をはじめ、高貴な方々が聞かれるので、私のような身分の低いものは聞くことができません。今宵は行水《ぎょうずい》もなさらずに、お読みになられたので、お側で私も聞くことができました」

だから経を読むときは、必ず身を清めねばならないのだ。

この話は「道命、和泉式部の許に於《お》いて読経し、五条の道祖《どうそ》神《じん》聴聞の事」というタイトルがついている。つまり五条西洞院のほとりに住む翁とは、道祖神のことだったのだ。

じつは道祖神も、境界を祀る神である。サエノカミとも読む。また岐神、衢神、猿田彦《さるたひこ》大神などともいう。サエノカミは塞神、つまり国境の神を意味する。

つまり、疫病神といってもいい。

岐神の岐や衢神の衢は、道が交差する箇所をいう。前章でも紹介した道饗祭について記録されている『延喜式』や『令義解』によると、境界部において道が交差する場所で「八衢比古《やちまたひこ》と八衢比売《やちまたひめ》」らを祀るとある。

八つの衢とは八ッ辻、比古とは男の神、同様に比売は女の神である。道祖神が男女で表現される場合が多いのは、ここから来るのだろう。

では、なぜこの五条西洞院に道祖神があるのか。古地図を見てみる。ところがいずれの古地図を見ても、五条西洞院周辺に道祖神は見あたらない。

そこで『拾遺都名所図会』を見ると、道祖神社とあり、かつては五条の南、西洞院の東南にあったとある。

平安時代の貴族や寺社、市などを復原した『京都歴史アトラス』にある地図や、同様の『京都の歴史1』の付図を見ると、たしかに同所にあった。では、どのよう

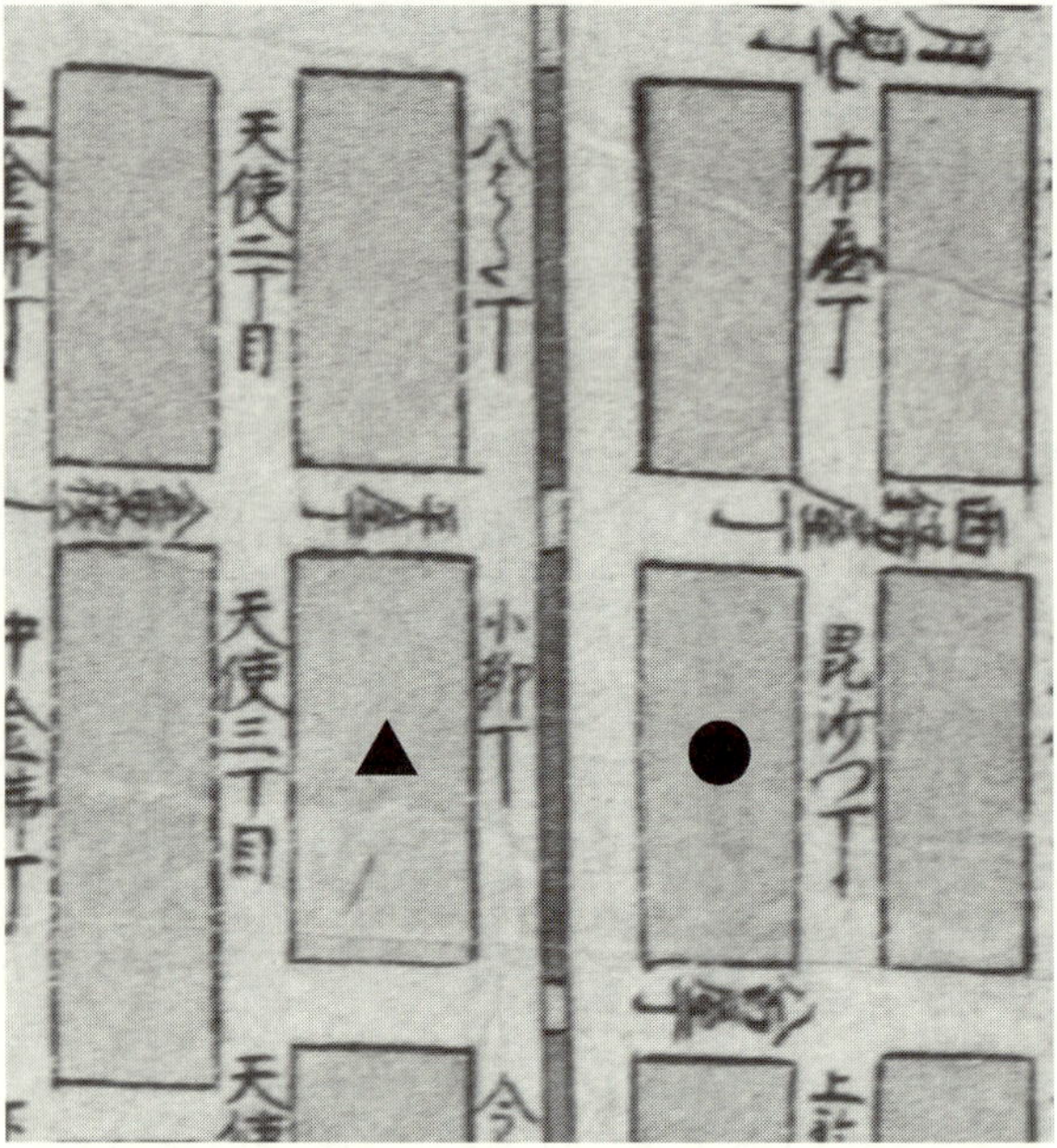

図6　江戸時代（元禄14年）に描かれた五条西洞院。図中の●が道祖神のあった場所で、▲は五条天神のあった場所。御伽草子「小男の草子」によると男は五条天神、女は道祖神となり、まさに男女の神が寄り添っている

な場所だったのか。ここでも「元禄十四年実測大絵図（後補書題）」で見てみる（図6）。

先の平安京の復原図によると、図中の●印が道祖神のあった場所となる。

古地図からは、それらしきものは見えないが、水路があるのがわかる。この水路を遡ってみよう。

すると二条通まで遡ることができる。そして堀川に合流し、あの一条戻橋へと到達する。つまりここも、一条戻橋へと通じているのだ。

さらに興味深いことに、この道命阿闍梨の父・藤原道綱は、前章でも取り上げた「中古京師内外地図」によると、戻橋すぐ東南の家「山里庵源頼光家　後道綱亭」とあるように、頼光邸のあとの住人なのである。

この道祖神のある五条西洞院と一条戻橋は水路で連動している。そして五条は、伏見口を通して東海道にもつながるのだ。

道命阿闍利を訪問したのは、ここの疫神だったのである。これも文字記録には現れない、古地図のみが語る場所の特性なのだ。

まだある。この道祖神の向かいに五条天神というものもあった。そこにも奇妙な話が残っている。

それは「小男の草子」という御伽草子で『御伽草子集』「新潮日本古典集成」に掲載されている。

サエノカミは男女で一組

大和の国に背が三十センチ、横幅が二十四センチの男がいた。二十歳になって奉公を志し、京の都に出ることになった。

ある家に奉公にあがり、清水山《きよみず》で松の葉を集める仕事をしていると、清水寺に美しい娘が参詣にやってきた。この小男は娘を見そめ、恋わずらいになる。奉公先の女房に相談すると、女房は恋文を届けてくれる。すぐれた手紙を見た娘は、この男と会う約束をする。

初め男の姿を見た娘は落胆するが、男がその都度、気の利《き》いた歌をつくるのを見て、夫婦となることを了承し、子どももできると、幸せに暮らした。のちに男は五条天神、女は道祖神となり、恋の守り神となった。

ここでは、道祖神は翁ではなく、美しい娘ということになる。そして川を挟んで、五条天神が鎮座していることになる。

地図上でも、まさに男女の神がよりそっている（図6参照）。これも境界を祀る形態で疫神と考えられる。

もう一つサエノカミを紹介しよう。

そこの社は幸神と書く。社伝によると平安遷都の折りに、桓武《かんむ》天皇によって都の北東、つまり鬼門に設けられたとある。

もとは出雲路《いずもじ》道祖神と呼ばれ（次頁の図7）、幸神社《さいのかみしや》となったのは江戸初期に現在の地に移ってからだという。

神社の東には、御幣をかつぐ猿の神像がある。これは御所の北東の角、猿ヶ辻《さるがつじ》に安置された同じく御幣をかつぐ猿の神像と連動して、都に疫鬼《えきき》が侵入するのを防い

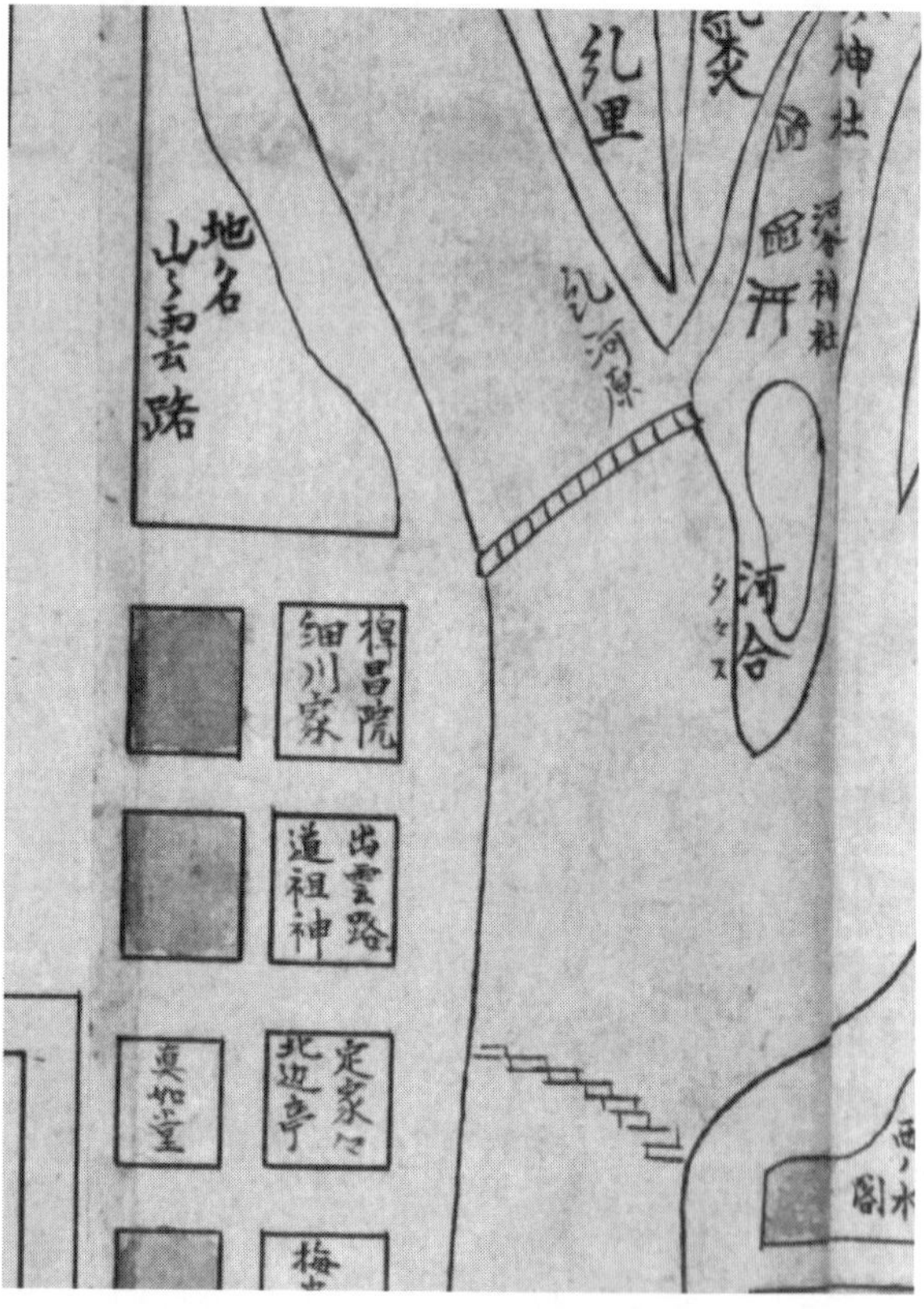

図７　図の右を流れる鴨川と高野川の合流点のすぐ左、中央やや左下に「出雲路道祖神」とある（「中古京師内外地図」）

でいるという。

たしかに御所の北東角は、鬼門封じのために角が切られている（次頁の写真1）。写真では見えないが、この築地塀の屋根瓦の下に同じ格好をした猿の神像が隠れている。

古地図を見てみよう。「中古京師内外地図」を見ると、出雲路道祖神が都の北東、鴨川と高野《たかの》川の合流点のすぐ南の川沿いにあるのが見える（図7参照）。

これは現在の今出川《いまでがわ》通であろうか。江戸時代の古地図を見ると、たしかに現在の位置（次頁の図8）に移動しているのが確認できる。

天王山に祀られたスサノオ

猿の神像が安置されている場所はもう一つある。それは、あの『不動利益縁起絵巻』で、安倍晴明がおこなった泰山府君を祀る赤山禅院《せきざんぜんいん》だ。

赤山禅院は比叡《ひえい》山を背にし、都から見れば北東に鎮座する。やはり鬼門は陰陽道が守っている。

写真1　鬼門封じに切られた北東角（著者撮影）

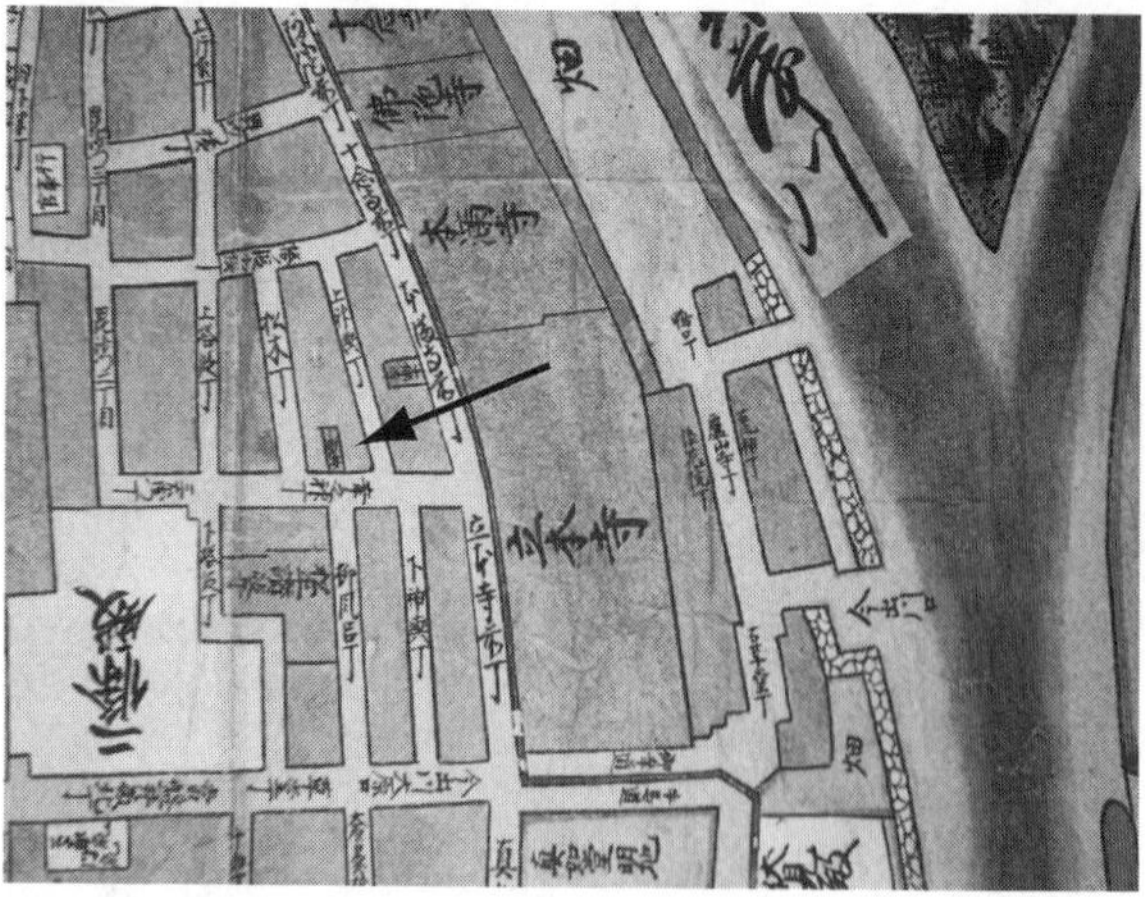

図8　江戸時代（元禄14年）に見る幸神社（矢印）

ここの猿たちは、平安京の鬼門を守るとされる比叡山延暦寺《えんりゃくじ》の守護神、日吉大社の使いでもあることから、この場所に安置されている。また禍《わざわい》が「去る」にもかけられているらしい。

最後に、山城四堺の一つで、山陽道が通過する山崎堺を紹介する。ここにも道饗祭の痕跡がいくつか残っている。山城国と摂津国の国境にある天王《てんのう》山には酒解《さかとけ》神社がある。祭神は、あの根国底之国の支配者スサノオである。

また、ここには関所もあった。現在その名残として関大明神が祀られている。ここにもきっと、鬼の国への道があったに違いない。

第六章 都へ帰る怨霊たち

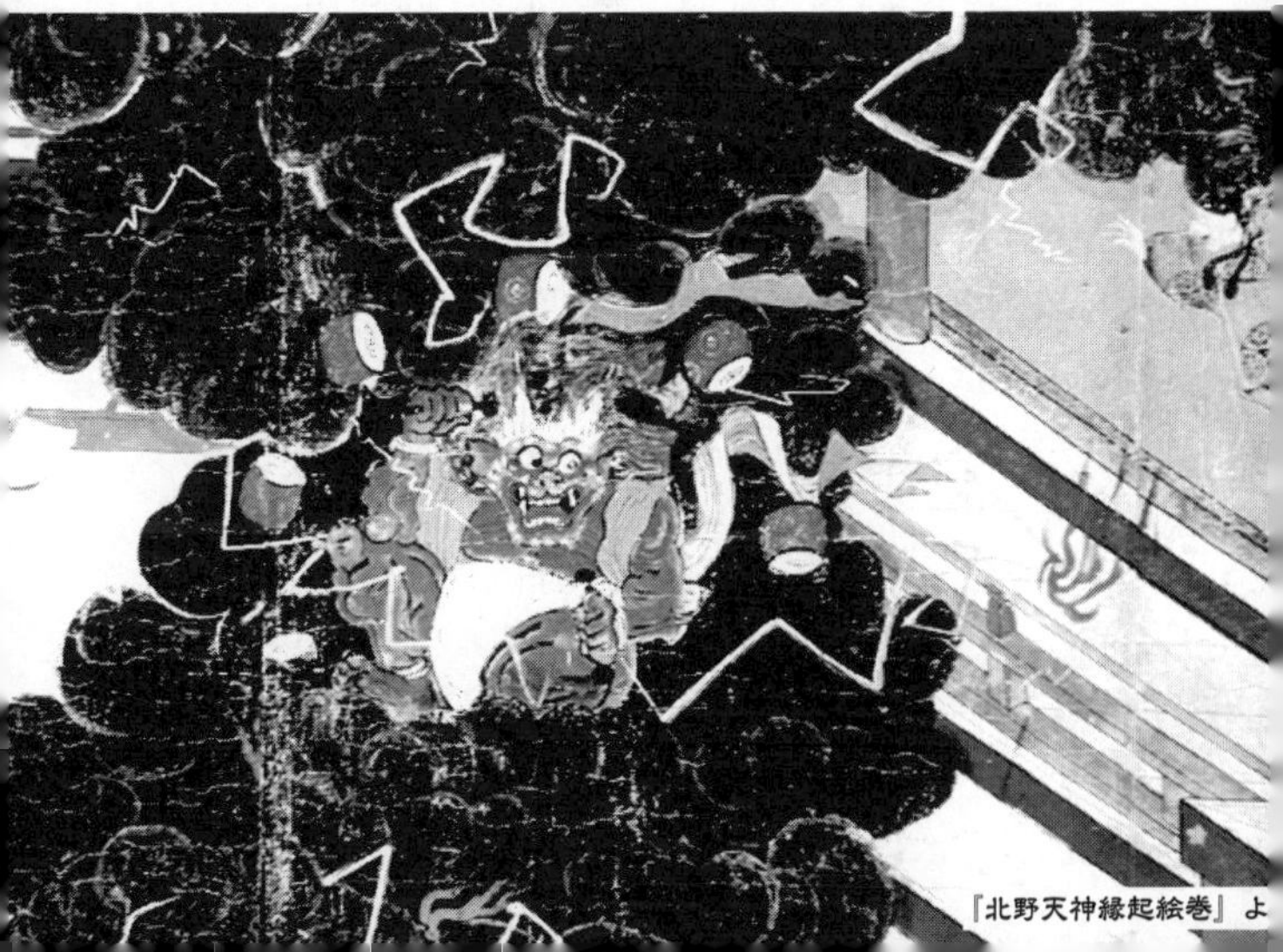

『北野天神縁起絵巻』よ

内なる魔界に秘められた怨霊

これだけ幾重にも、鬼や魔界の出入り口を守れば、天皇の住む内裏、政治の中心地である大内裏、そして都人たちの住む平安京、山城国、王城の地・畿内は、もう大丈夫だろう。

ところが、そうではない。第四章の図2「重層的で円環的な鬼の世界」を思い出していただきたい。外へ外へと追いやった鬼が、結局は円を描くように私たちのもとへ帰還している図である。鬼は結局、私たちの内面世界へと回帰していたに過ぎなかったのだ。

さて、御霊《ごりょう》という言葉をご存じだろうか。それは非業《ひごう》の死をとげた人の霊で、祟りや災厄をもたらすとされる死者の霊魂のことである。とくに、その死を招いた関係者たちは、この御霊を恐れた。強大な権力が存在するところには、どの時代、どの国でも権力闘争が生じる。

そして勝者がいる限り、敗者もいる。多くの場合、その敗者たちは非業の死をとげる。勝者は、彼らの御霊に恐れ続けなければならない。せっかく外部から来た鬼を追いやったのに、今度は内からの怨霊に恐れ戦《おのの》かねばならないのだ。

京都には御霊（「怨霊」を鎮め神として祀ると「御霊」となる）を祀る神社がある。上御霊《かみごりょう》神社（次頁の写真1）と下御霊《しもごりょう》神社だ。

次頁の図1は『都名所図会』に描かれた上御霊神社だ。

ここには、早良《さわら》親王、伊予《いよ》親王、藤原夫人（吉子《よしこ》）、文太夫（文室宮田麻呂《ふんやのみやたまろ》）、橘逸勢《たちばなのはやなり》、藤原広嗣《ひろつぐ》、吉備《きび》大臣（真備《まきび》）、火雷神（菅原道真《すがわらのみちざね》）の八人の御霊が祀られている。彼らを八所御霊と呼ぶ。いったい彼らは何をしたのか。

早良親王は桓武天皇の弟で、次の皇位を継承すべき太子《たいし》であった。しかし延暦四（七八五）年に起こった桓武の寵臣《ちょうしん》・藤原種継《たねつぐ》暗殺事件に連座《れんざ》し、太子を廃《はい》され、乙訓寺《おとくにでら》に幽閉《ゆうへい》される。無実を訴え断食《だんじき》し、淡路《あわじ》国に流される途中、淀《よど》川の高瀬《たかせ》橋で亡くなった。桓武天皇は、早良親王の遺骸《いがい》を淡路に葬《ほうむ》った。

その翌年、桓武夫人の母が死去してしまう。さらに二年後、今度は桓武夫人が亡くなった。その翌年には桓武天皇の母が死去し、また翌年には皇后《こうごう》が亡くなる。そ

写真１　上御霊神社（著者撮影）

図１　『都名所図会』に描かれた上御霊神社

れだけではなく、畿内で疫病が流行し始め、多くの人々が亡くなった。

同十一（七九二）年、皇太子の安殿《あて》親王が重病になる。皇太子の病気の原因を占うと、早良親王の祟りと判明した。桓武天皇は早良親王の怨霊に恐怖し、同十三（七九四）年、都を長岡《ながおか》京から平安京へと移す。さらに同十九（八〇〇）年、親王の遺骸を大和に移送し、崇道《すどう》天皇と追称《ついしょう》した。

伊予親王は、恒武天皇の子である。先の平城《へいぜい》天皇（安殿親王）の即位にあたって謀反《むほん》の疑いをかけられ、幽閉先の川原《かわら》寺で断食し、平城二（八〇七）年に死去した。藤原夫人は恒武天皇の后で、伊予親王の母である。同年、親王とともに川原寺で死去した。以上の三人が皇族の御霊で、以下の五人は貴族の御霊だ。

文太夫（文室宮田麻呂）は、承和十（八四三）年十二月、謀反を企《くわだ》てて伊豆へ流され死去。橘逸勢は、承和《じょうわ》九（八四二）年、謀反の疑いで伊豆へ流罪《るざい》、死去。藤原広嗣は、奈良時代に太宰府《だざいふ》で反乱を起こしたが、官軍に敗れ、処刑される。

ここまでが最初に祀られた御霊で、吉備大臣（真備）と火雷神（菅原道真）の二人は、あとで加えられた御霊のようだ。

つまり彼らのほとんどは、奈良時代後期から平安時代初期の、天皇家内部、そして中央政界における権力闘争の敗者たちなのだ。

興味深いのは、家族あるいは内裏、そして大内裏から発生した罪が、山城国内の寺に移され、のちに畿外の島へと流され、それが怨霊となると、今度は畿内に戻され、ついには平安京の外縁にある上御霊神社にまで帰されている点だ。これはまさに、先にあげた内から外、外から内への円環を表していると言えるだろう。

つまり内から発生した災厄も、外部から来た疫鬼同様に、外へ外へとおそらくは川沿いに流し、島流しとするわけだ。ようするに道饗祭同様、根国底之国へと罪を流しているのである。そして死後は、疫病神となって平安京へ帰還し、天皇家や中央貴族たち、あるいは畿内の住民たちに疫病を振りまく。

これら御霊を祀ったのが上御霊、下御霊神社なのである。

天皇は本当に祟りを恐れたのか

『都名所図会』によると、上御霊神社は朱雀天皇の天慶《てんけい》二(九三九)年に、この地に鎮座した。

かつて、ここには上出雲寺があったので、出雲路の御霊とも呼ばれたとある。社伝では、桓武天皇が奈良時代から平安時代初期にかけて、不運にも亡くなった八人を神霊として、平安遷都（七九四年）に際し、王城守護のために祀ったとある。

平安時代の寺院や貴族の邸宅を復原したと考えられる「中古京師内外地図」（一七五〇年）を見ると、たしかにこの地には上出雲寺があり、「鎮守を上御霊と称す」とある（次頁の図2）。

この鎮座地を、平安京を中心にして見た場合、前章で紹介した幸神社の前身、出雲路道祖神と同様に鬼門封じの北東、しかも平安京の外となる。これは今まで述べてきた、いわゆる疫神祭に適した場所ということになるだろう。下御霊神社も、かつて上御霊のすぐ南にあったらしい。

さて、この位置関係を見ると桓武天皇あるいは朱雀天皇は、決して怨霊を恐れていただけではないことがわかる。御霊神社の位置が、きっちりと鬼門封じの位置に設定されているからだ。

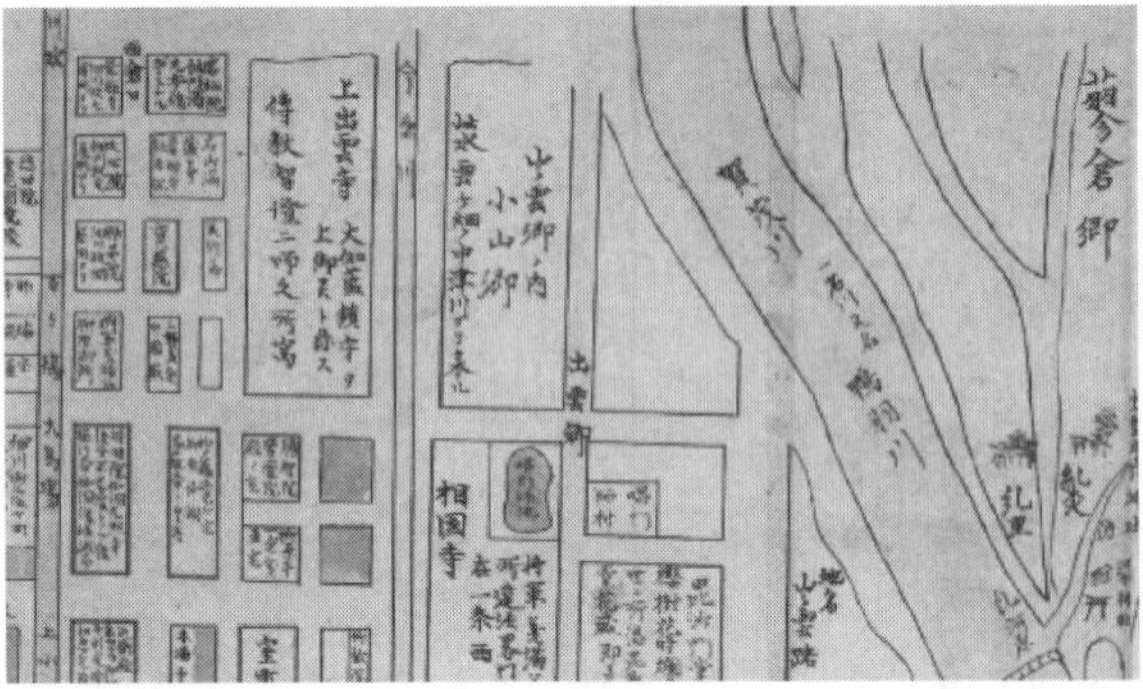

図 2　平安時代、上出雲寺は今出川のほとりにあった。図の中央より左上にある縦長の敷地に「上出雲寺」とある（「中古京師内外地図」より）

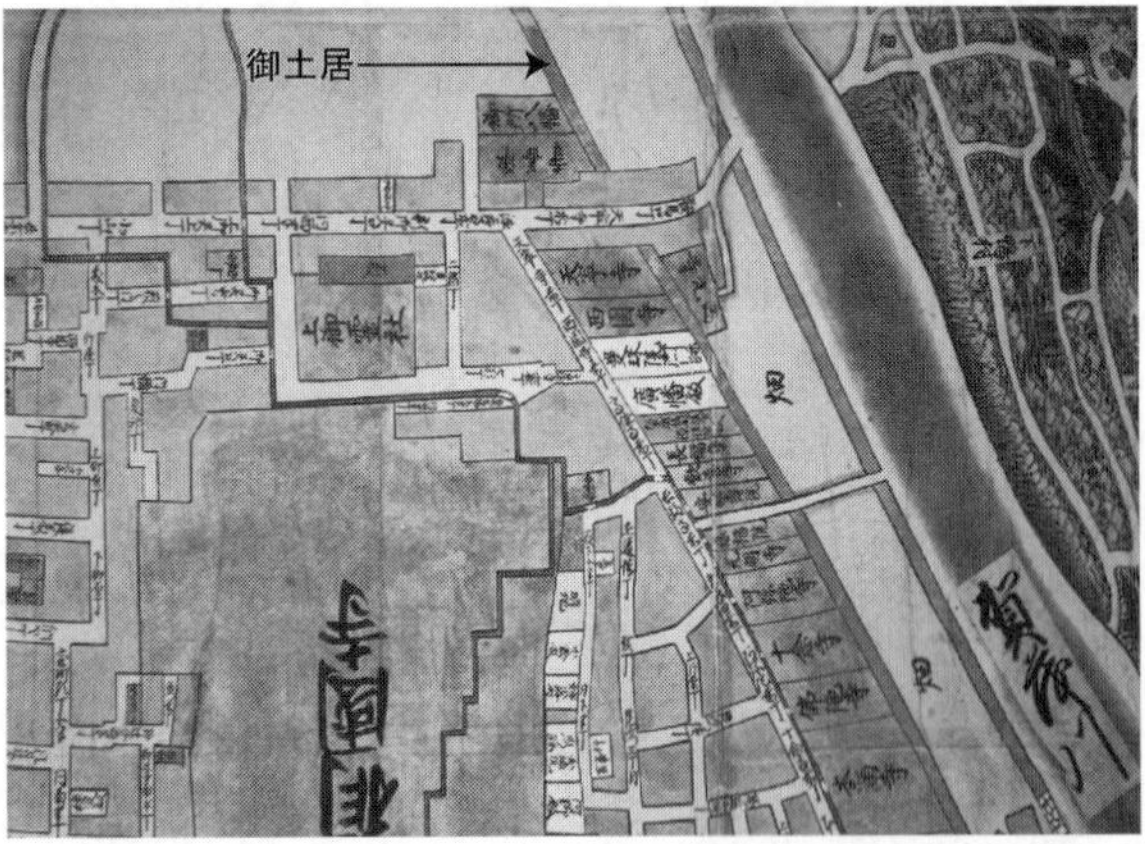

図 3　「元禄十四年実測大絵図（後補書題）」に描かれた上御霊神社。図の中央やや左上に「上御霊社」とある。御土居のすぐそばにあることがわかる

これは豊臣の時代になっても変わらない。図3は秀吉がつくった京都の外郭《がいかく》、つまり御土居の入った地図だ。これを見ても、上御霊神社はちゃんと都市の境界部に設定されている。秀吉が移動させた下御霊神社にしても、きっちりと防御の役割を果たす寺町に設定されている。

御霊神社の社伝などを見ると、いかにも桓武天皇が怨霊を恐れているように思えるが、じつは違う。古地図で空間的に分析すれば、天皇は都市プランニングをうまく利用した形で、冷静に対処していたことがわかる。

応仁《おうにん》の乱がこの上御霊神社から始まったのは、怨霊の仕業だとする意見もあるようだが、古地図を見る限り、この場所は物理的に戦闘にも適した場所だったのだ。

神泉苑でおこなわれた御霊会

私たちの祖先は、道饗祭で疫病神を山海の珍味で接待したのと同じように、これら御霊たちにも、御霊会という祭礼を用意した。その最初の記録は、清和・陽成《ようぜい》・光孝《こうこう》天皇三代（八五八～八八七年）を記した『日本三代実録』に登場する。

貞観《じょうがん》五（八六三）年五月二十日、場所は神泉苑。清和天皇の勅令《ちょくれい》で、先だって祀られた御霊六座を上御霊神社からお招きし、さまざまなおもてなしがなされた。食べ物や飲み物のお供えは当然だが、お経、音楽、歌、踊り、相撲、演劇、競馬など、ありとあらゆる芸もあったようだ。王侯貴族は皆が出席し、通常は開放していない神泉苑の四門を開け、一般庶民にも出入りを許した。

ここで注目したいのは、イベントの盛大さではない。場所である。平安京の北東の外縁に置かれた上御霊神社の御霊たちが、今度は平安京の内部に招かれ、しかも神泉苑で接待を受けているからである。

神泉苑は、二条大路をはさんで大内裏の南に位置する。つまり朱雀門のすぐ目の前だ。すぐそこまで帰還していたのである。しかも勅令によって招かれているのだ。まさに「重層的で円環的な世界」が、ここでも読みとれるのである。

ところが、どうもこれが最初ではなく、もともと一般庶民のあいだですでにこの御霊会は恒例行事となっていたようだ。つまり天皇や貴族だけでなく、これら御霊たちは、一般庶民のあいだで受け入れられていたということだ。

一部の上層階級の内面だけでなく、広く一般の都人の内面へもこれら御霊は帰還していたのである。

次頁の図4は『洛中洛外屏風』に描かれた御霊会の様子である。

この神泉苑という場所は、もともとは天皇の宴遊空間で、桓武天皇から嵯峨《さが》天皇までは頻繁《ひんぱん》におこなわれていた。次の淳和《じゅんな》天皇のころから狩猟空間へと変容し、天《てん》長《ちょう》年間（八二四〜八三四）には、ここで雨乞《あまご》いがおこなわれるようになる。

この神泉苑に善女《ぜんにょ》龍王が住むとされるようになるのも、このころからである。徐々に宴遊的な空間から霊的空間へと変容する中で、斉衡《さいこう》の文徳《もんとく》天皇の時代になると修験者《しゅげんじゃ》の法力《ほうりき》を競う場所となったのだ。

貞観四（八六二）年の旱魃《かんばつ》に際しては、神泉苑の西北門を開いて庶民に水を汲《く》むことを許すようになる。そして先に紹介した一般民衆にも開放した御霊会が、翌五年に開催されるのだ。

この経過を見てみると、神泉苑が雨乞いと疫神祭を結合させる格好の場所となっていく様子が、手に取るようにわかる。

図 4　『洛中洛外屏風』に描かれた一条通でおこなわれた庶民の御霊会の様子
（『標注洛中洛外屏風（上杉本）』122 頁より）

怨霊と化した菅原道真

御霊神社と違って、北野天満宮はたった一人の御霊からなる。菅原道真である。十三世紀に書かれた『北野《きたの》天神縁起《てんじんえんぎ》』によると、ある日、文章博士・菅原是善《これよし》の家に五、六歳ほどの稚児が現れ「あなたを私の親としたい」と言ったという。それがのちの菅原道真だった……。そのような不思議な話から、この縁起は始まる。もちろん、現実に道真は是善の実子である。

早くから詩歌の才に恵まれ、貞観四年に十八歳で文章生になる。また、縁起は「弓を射っても百発百中だった」とも伝えている。もともと菅原家は学者の家系で、道真の祖父の代から大学頭・文章博士を務めていた。中流貴族として育った道真も、当初は家格に応じた出世をしていた。

ところが、宇多《うだ》天皇に高く評価されるようになると、藤原氏への勢力牽制《けんせい》の意味も含めて、重職を歴任するようになる。醍醐《だいご》天皇の代になってからも重用されるが、昌泰《しょうたい》二（八九九）年に右大臣にまで昇進すると、次第に藤原氏や有力貴族の反発が表面化していった。

延喜元（九〇一）年、ついに政敵・藤原時平《ときひら》の讒言《ざんげん》から、醍醐天皇により太宰府に左遷《させん》させられる。子ども四人も連座し、流刑《るけい》に処された。そして翌々年、失意のうちに太宰府にて死去した。

まさに道真は、先にあげた中央政界における権力闘争の敗者であり、御霊の対象となりうる条件を備えている。その後、何が起こったのか……。

『北野天神縁起』によると、道真は死後まもなく延暦寺の座主、尊意贈僧正の前に真夜中現れ、次のように言った。

「梵天にも帝釈天にもお許しをもらったので、天神《てんじん》や神祇も許すだろう。私は都に入って内裏に近づき、憂《うれ》いを述べ、仇《あだ》を討《う》つつもりだ。あなたに勅令が下って、法力で私をおさえようとするだろうが、それはやめてもらいたい」

これに対し、僧正は首を振った。

「あなたの言うことを聞きたいが、ここは天子さまが治める国です」

すると道真の態度が変わり、口にしていた柘榴《ざくろ》を妻戸《つまど》に吐《は》きかけ出ていった。その柘榴は、炎となって妻戸を燃やした。僧正が印を結んで消したが、焼けこげた妻戸は今も本坊《ほんぼう》にあるという。

僧正の法力により、都はしばらく道真の怨霊をなだめることに成功していた。しかし、死して五年が経った延喜八（九〇九）年、道真の左遷に関与した藤原菅根《すがね》が死去したのを皮切りに、政敵だった藤原時平も病に倒れる。

道真に引退を勧めていた三善清行《みよしきよゆき》の息子で、験力のすぐれた浄蔵が時平の加持《かじ》祈祷をおこなっていると、道真の怨霊が現れる。再び『北野天神縁起』を見てみよう。

三善清行の息子である浄蔵は、祈祷にかけては群を抜いているとの評判だった。そこで四月四日、時平に招かれて祈祷をしていた。その日の昼ごろ、父の清行も見舞いに参上する。すると時平の左右の耳から、なんと青龍がにょきにょきと頭を出し、次のように言った。

「私は帝釈天の許しを得て、怨敵に復讐をしているのだ。それをお前の息子が阻止しようとしている。止めさせよ」

恐ろしくなった清行は、浄蔵を連れて時平邸を後にした。と同時に、時平は息を引き取った。まだ三十九歳だった。

その後も、時平の娘、孫、長男が次々と亡くなった。親族の中で仏道に入門した者だけが助かったという。延喜十三(九一三)年、これも左遷に関わった源光《ひかる》が沼に沈んで死亡したが、死体は見つからなかったという。

翌年、左京で大火、さらに翌年、疫病の流行と続く。

鎮まぬ怨念は清涼殿へ

そして延喜二十三(九二三)年四月、醍醐天皇の皇子で、時平の甥である保明《やすあきら》親王が病死する。ところが、三日後に蘇生し、家人に「すぐにでも内裏に参上せねばならない」と言いだした。脇を抱えられた皇子は、醍醐天皇に次のように奏上《そうじょう》した。これも縁起による。

「私が死んで、閻魔王庁の門に着き、少しのあいだ中を垣間見ていますと、ある人が冥官にむかって何かを訴えておられます。耳をそばだてて聞きますと『醍醐帝のなされたことは間違っている』と。すぐに道真公だとわかりました。三十人以上いた冥官のうち、第二の座に座っている人が『たしかに醍醐帝は間違っていた。改元されてはいかがか』と」

そう言うと親王は退出し、またすぐに亡くなった。これを聞いた醍醐天皇は、同年四月二十日に道真を元の右大臣に戻した。

さらに一階級上げて正二位を贈り、左遷の詔文は焼き捨てられた。

そして同年五月二十九日、延喜の年号が延長《えんちょう》と改められた。

しかし、それでも道真の怨霊は納得しなかった。延長三（九二五）年の春から天《てん》然痘《ねんとう》が流行し、六月に皇太孫の慶頼《やすより》王（時平の外孫）が五歳で死去する。

このころから、道真の怨霊が業をなしているとの噂《うわさ》が定着した。

雷を落とした天神の眷属

極めつけは延長八（九三〇）年六月二十六日である。長いこと都に雨が降らないので有力貴族が清涼殿に集い、雨乞いの祈祷について会議をしていたところ、清涼殿南西の柱に落雷が直撃した。殿上間（第参章の図6参照）にいた藤原清貫《きよつら》の衣に火がつき、胸を焼かれた清貫は即死する。清貫は道真の左遷に関与していたのだ。

平希世《まれよ》も顔が焼け、重傷を負ったのちに死亡。落雷は隣の紫宸殿にもおよび、是《これ》茂《しげ》朝臣が膝を、美努忠包《みぬのただかね》が髪を、紀蔭連《かげつら》が腹を、それぞれ炎につつまれ、皆ことごとく殺された。

縁起によれば、これは天満大自在天神（道真）、十六万八千の眷属《けんぞく》の中の第三の使者、〝火雷火氣毒王〟の仕業だという。この落雷を目の当たりにした醍醐天皇にも毒気が入り、次第に体調が悪くなった。病は重くなる一方で、帝位を朱雀天皇に譲ったのち、事件の三ヵ月後に崩御《ほうぎょ》した。

ここに至って、ついに道真の怨霊が鬼となり、清涼殿に帰還したのである。早良親王は、招かれて神泉苑までだった。つまり朱雀門前までである。

道真は、眷属を使って清涼殿の殿上間まで迫ったのだ。

殿上間といえば、あの博雅や長谷雄たち殿上人の控える間である。道真もここを仕事場としていただろう。

そして長谷雄と双六を打った鬼が、殿上間の隣の鬼の間にいた鬼だったことも思い出してほしい（第参章参照。しかし、長谷雄に迫った鬼を追い払ったのが、北野天神だったのも奇妙な一致だ。いやむしろ菅原道真だからこそ、仲の良かったとされる長谷雄についた鬼を祓うことができたのだろう）。

これがまさに「重層的で円環的な鬼の世界」なのだ。この『北野天神縁起』には絵巻もある。この絵巻も中央公論社の「続日本の絵巻15」にある。

本章の扉絵は、鬼がついに清涼殿に帰還した場面だ。

北野天満宮の成立は、天慶五（九四二）年まで遡る。右京七条二坊に住む貧しい家の娘、多治比文子《たじひのあやこ》に天満大自在天神から託宣《たくせん》があり、その五年後、今度は近江国比良の宮で、七歳になる禰宜良種《みわのよしたね》の息子に同様の託宣があった。

そこで天徳《てんとく》三（九五九）年、右大臣の藤原師輔《もろすけ》が社殿を造営し、形を整える。

この北野の地は、平安京の大内裏から見ると、先の上御霊神社が北東方向であったのに対して、北西方向になる。

頼光の家来である渡辺綱が、鬼に髪の毛をつかまれて愛宕山に連れていかれる途中で落下したのが、この北野天満宮の廊下であった。

一条戻橋との比較で言えば、戻橋が東堀川の平安京外縁に接する場所であるのに対して、北野は西堀川が平安京に入らんとする大将軍社《だいしょうぐん》（写真2・現在は大将軍八神社）のすぐ北に位置する。

つまりここにも、あらかじめ魔界の門がある左右対称の場所に当たるのだ。古地図から見れば、これも都市プランニングに適《かな》う（図5）。

計画的な魔界都市建設

次に江戸時代の古地図を見てみよう。

写真 2　大将軍社（現在は大将軍八神社、著者撮影）

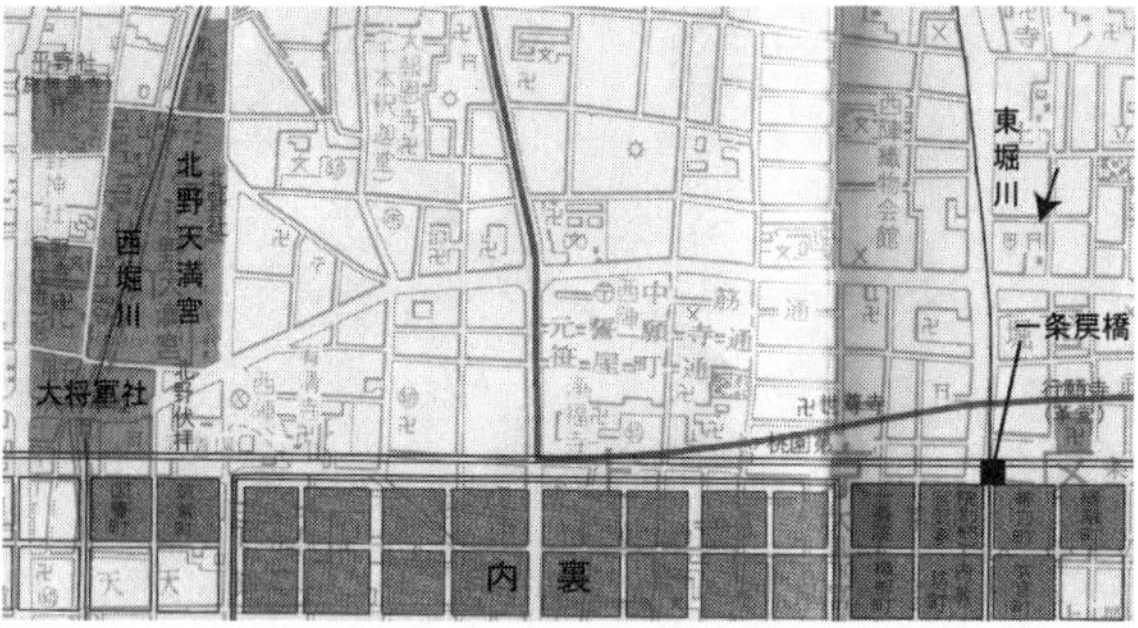

図 5　左右対称に位置する一条戻橋と北野天満宮・大将軍社（『京都の歴史 1』に著者加筆）

図6は寛保元(一七四一)年の「増補再板京大絵図乾」で、まだ洛内の寺社が立体的に描かれている時期の古地図である。この時期の京都図は、洛中・洛外の寺社や名勝の説明が入り、観光案内図として充実している。

北野天満宮の左、つまり西に接している黒い太線が、秀吉がつくった御土居だ。第壱章でも紹介したが、江戸時代は京都の外縁がここに当たる。

さらにその外側を沿って流れているのが西堀川(紙屋川)だ。先の上御霊神社は東の御土居に接していた。これもまた左右対称の位置にあり、都市プランニングに適うのだ。

さまざまな記録や縁起、絵巻などを見てみると、怨霊に戦く都人たちの恐怖が手に取るように感じられる。だが、古地図を見てみると、こういった寺社は計画的に配置されたのだとわかるだろう。

『北野天神縁起』によると、北野天満宮の成立で鎮まったはずの天神だったが、このあとも眷属たちが暴れまくる。自然災害、火事、疫病、戦乱も、すべてこれら眷属の仕業だというのだ。

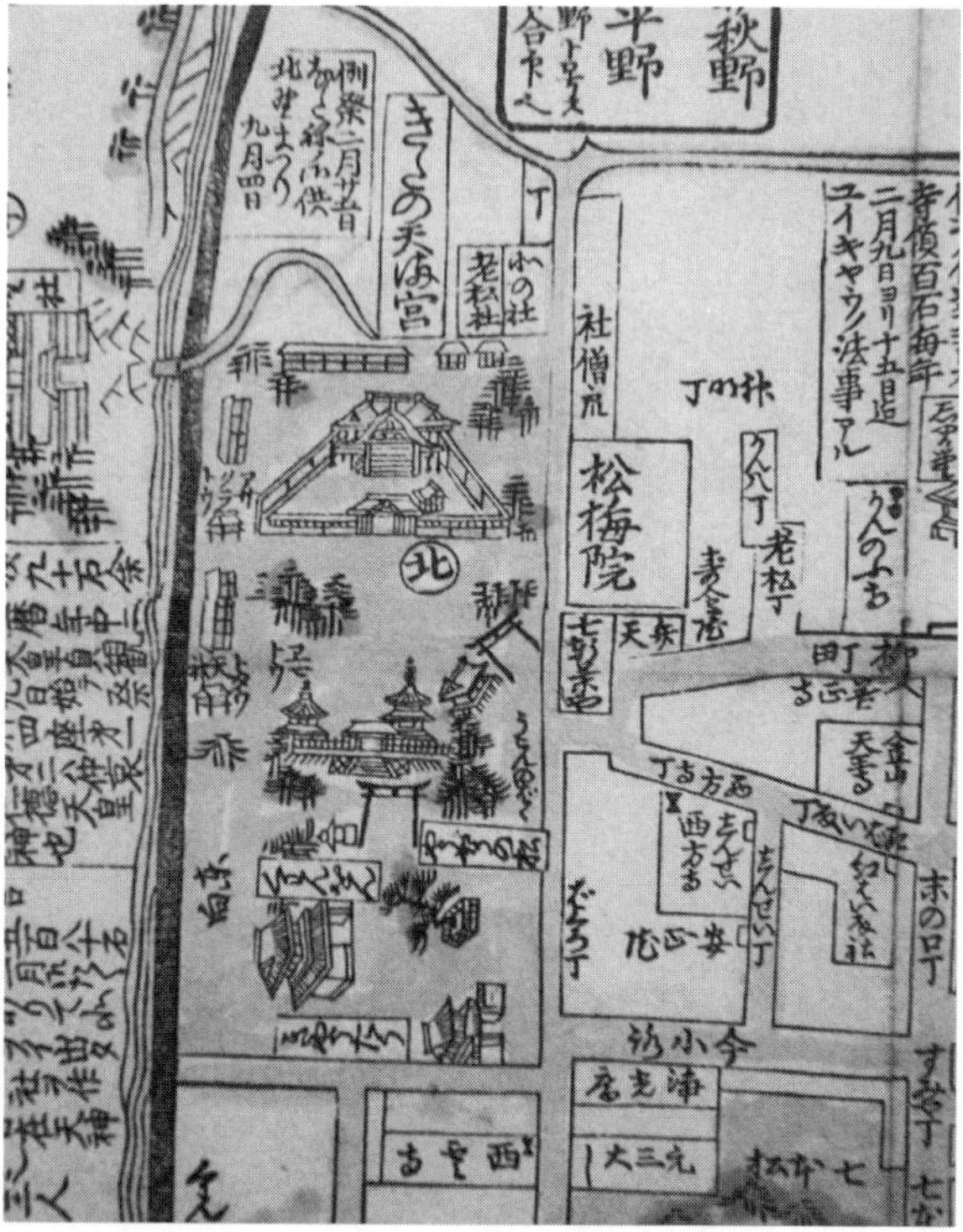

図 6　江戸時代（寛保元年）に描かれた北野天満宮。図の上に大きく「きたの天満宮」とある

藤原住友《すみとも》・平将門《まさかど》の乱、前九年の役、保元《ほうげん》以後の騒動から源平の合戦、その後の長承《ちょうしょう》（一一三二〜三四）・養和《ようわ》（一一八一〜八二）の飢饉《ききん》、文治《ぶんじ》元（一一八五）年の大地震、同五（一一八九）年の台風、そしてこの縁起が成立した建保《けんぽう》（一二一三〜一九）の洪水までそうだと。

道真の死が九〇三年であるから、約二百年は祟っていたわけだ。北野天満宮の成立が九五九年だとして、それでも百五十年は眷属が黙っていなかったのだ。

皇族から政権を奪った誓い

これら眷属たちが引き起こした災厄の中に、さらに新たな怨霊を生んだ事件があった。保元の乱である。その乱の中心にあったのが崇徳《すとく》天皇であった。

崇徳天皇は元永《げんえい》二（一一一九）年、鳥羽《とば》天皇の第一皇子として誕生し、五歳で即位する。ところが、じつは幼帝は白河《しらかわ》法皇の子だとの噂が流れ、上皇となった父に疎《うと》んぜられる。詳しくは省略するが、その後も権力争いの中でことごとく失敗し、気づくと保元の乱（一一五六年）の首謀者となっていた。だが、ここでも一夜にして敗北し、讃岐《さぬき》へと流されてしまう。

ここからがすごい。なんと生きながら怨霊となることを誓うのだ。

『保元物語』を見てみよう。讃岐での幽閉生活の中で戦死者の供養や反省の証に、自筆で五部の大乗経を三年で書写し、仁和寺《にんなじ》の覚性法親王（弟）に「来世で正しい悟りを得るために、都に近い寺に置いてほしい」と頼む。

ところが、同じ弟の後白河《ごしらかわ》法皇が許さなかった。それを聞いた崇徳は怒った。

『保元物語』には次のようにある。

「来世で正しい悟りを得るために書いたお経の置き所さえも許されないなら、あの世までの敵だ。五部の大乗経を地獄、餓鬼《がき》、畜生《ちくしょう》の三悪道に投げ打ち、日本国の大悪魔となって天皇一族を倒し、それ以外の支配者を立てる」と誓い、自らの舌の先を食いちぎり、その血でお経に誓いの書状を書いた。

その後は、髪も剃《そ》らず、爪も切らずに生きたまま天狗の姿になった。長寛《ちょうかん》二（一一六四）年に四十六歳で崩御し、遺体を焼くと煙は都に向かってたなびいた。

その後の祟りは、今までの御霊の場合と似ているので省《はぶ》くが、興味深いのはその後、崇徳の誓いどおりになったことだ。天皇が握っていた政権が、武士にとって代わられたのである。

さらに興味深いことは、今度はその武士の政権が天皇に返還される幕末に起きる。明治天皇によって一八六八年、崇徳天皇の御霊を京都へ帰還させ、白峯《しらみね》神宮を創建したことである。

さっそく古地図で検証してみると、たしかに慶応《けいおう》四（一八六八）年の「改正京町御絵図細見大成」には、白峯神社ではなく「崇徳帝殿社」が見える（図7）。

それ以前の古地図に見出すことはできない。明治二年の古地図にも「崇徳帝殿社」とあるが、明治九（一八七六）年の「改正京都区分一覧之図」では白峯社となっているのが確認できる。

さて、白峯神宮は、どのような場所に設定されたのか。驚くべきことに、あの一条戻橋のすぐ北にあるではないか。

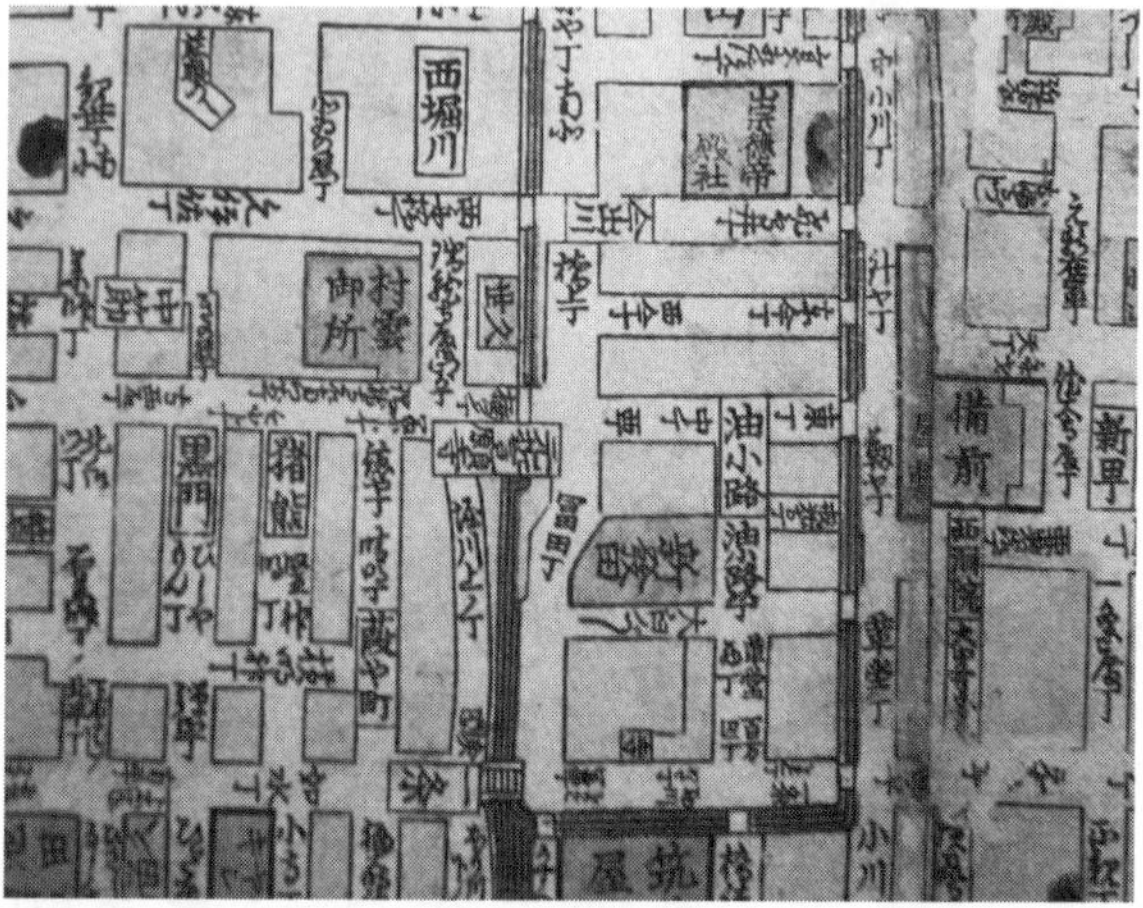

図 7　幕末の慶応 4 年に描かれた「崇徳帝殿社」。図の上、中央よりやや右上にある。
図の中央より下のほうに「一条」とあり、戻橋も架かっている。崇徳帝殿社（現在の白峯神社）が一条戻橋のすぐ北にあったことがわかる

そもそも、なぜこの橋を戻橋というのか。先の菅原道真に引退をアドバイスした三善清行が死去し、息子の浄蔵が祈祷をおこなった。すると、ちょうど父の棺《ひつぎ》がこの橋を通過したとき、清行が甦《よみがえ》った。以来、この橋を戻橋という。やはり霊的空間として無視できない場所なのだ。

先の北野天満宮が、西堀川の大将軍社のすぐ北に設定されたのと同じように、東堀川の戻橋のすぐ北に崇徳院も鎮座されたのである。つまり北野天満宮と崇徳帝殿社は、平安京の内裏から見れば左右対称の位置にあるわけだ（図5の矢印）。

幕末期には、すでに京都御所は現在の場所へ移動している。何百年と経っても、平安期の京都・魔界都市プランニングは生きていたのである。

第七章

天狗の世界を覗くと

『伊勢参宮名所図会』より

何が人を天狗とするのか

崇徳帝殿社（白峯神宮）が、一条戻橋のすぐ北に位置していることを、前章の最後で述べた。どうも京都魔界の重要ポイントは、この戻橋に集中しているように思える。この戻橋の下で、かつて渦を巻いた水流の原点は貴船だった。そしてその隣には、鞍馬がある。

鬼たちは、この水流を伝ってやってくる。それは御霊たちが、水流に沿って遠くの島に流されたのと同じルートだ。これが「重層的で円環的な鬼の世界」の一端を示しているというわけである。

戻橋を起点にした、もう一方の世界――。それは北西方向に向かう山陰道の大枝堺であり、同地には酒呑童子の首塚がある。また、そこは山城国と丹波国の国境でもあり、同時に畿内と畿外の境界でもあった。

戻橋から、その北西へ飛翔した鬼がいたのを覚えているだろうか。第四章で渡辺綱のもとどりをつかんで飛翔した鬼である。

たしか、この鬼は飛翔した際にこう言った。

「わが行くところは愛宕山ぞ」

じつはあの怨霊となった崇徳帝も、ある山伏に愛宕山で目撃されている。『太平記』を見てみよう。巻第二十七の「雲景未来記の事」に次のようにある。

出羽《でわ》国の羽黒《はぐろ》山に雲景という山伏がいた。この山伏が諸国修行を終え、都に上り、今熊野神社に居住して名所旧跡を訪ね歩いていた。

貞和《じょうわ》五（一三四九）年六月二十日のことだった。嵯峨野《さがの》の天龍《てんりゅう》寺を訪れようと、かつて大内裏のあったあたりを歩いていると、六十歳ぐらいの山伏が「そなたはどこへ行くのだ」と声をかけてきた。

天龍寺に行くと答えると、もっとすばらしい霊地があると言って、愛宕山に連れていかれた。そこは誠に仏閣《ぶっかく》が立派で、身の毛がよだつほどだった。このままここで修行したいと思っていると、山伏は「ここまで来た思い出に、聖なる秘所を見せてさしあげよう」と、今度は本堂の後ろにある座主の坊（月輪《つきのわ》寺）へと雲景を誘う。

そこへ行ってみると、多くの貴僧・高僧が座っていた。なかには衣冠束帯《いかんそくたい》に笏《しゃく》を持っている人もいた。

恐ろしい思いで見てみると、さらに御座を二畳敷きに重ね、その上に大いなる金の鳶《とび》の翼を広げて着座している人がいた。その右には、背丈が八尺くらいの大男が、大きな弓と矢を持って控えていた。左の一座には、龍などの模様を刺繍《ししゅう》した天皇の礼服を着て、金の笏を持った人が居並んでいた。

例の山伏に「どのようなお座敷ですか」と恐る恐る聞くと、山伏は言った。

「上座なる金の鳶こそ、崇徳院におわします。傍の大男は為朝《ためとも》です。左の座におわしますは淳仁《じゅんにん》天皇、井上《いのえ》皇后、後鳥羽《ごとば》院、後醍醐《ごだいご》院、彼らは悪魔王の棟梁《とうりょう》なのです。その次の僧侶たちは、玄昉《げんぼう》、真済《しんぜい》、寛朝《かんちょう》、慈恵《じえ》、頼豪《らいごう》、仁海《にんがい》、尊雲《そんうん》ら高僧たちです。彼らは同じく大魔王となり、今ここで天下を乱す相談をしているところです」

図1は『太平記絵巻』に描かれた、まさにこの場面である。中央に座すのが天狗

図1　『太平記絵巻』に描かれた天狗となった崇徳院。図の上、中央に座っているのが崇徳院である。
大天狗と化した崇徳帝は、酒呑童子（第五章の図1参照）らと並び、日本三大悪妖怪の一角にも数えられるようになった（もう一つは九尾の狐・玉藻前。崇徳帝の代わりに鬼の大嶽丸が数えられることもある）。（『特別展図録 太平記絵巻の世界』61 頁より）

と化した崇徳院。弓をもって控えるのが源為朝だ。右に居並ぶのが歴代の天皇たち。左が僧侶たちである。

彼らは悪魔王の棟梁になったとあるが、それは天狗のことだったのだ。

この様子は、先の『天狗の内裏』や『貴船の本地』で見たような、鬼の世界の御所である。しかし、これは今までの魔界よりも、人間世界の内裏に近い。居並ぶ面々が、不運な死を遂げた歴代の天皇、武士、そして僧侶たちだからだ。

もう一度、図1を見てほしい。悪魔王の棟梁の首座にいる崇徳院は、もう半分は天狗になりつつある。大きな金の鳶の翼を広げ、人間の姿で着座している。

興味深いのは、僧侶や武士たちが並んでいる点だ。前章で見たのは、皇族や貴族たち、都人たちの心の内へと帰還していった疫鬼たちだった。ここでは、それを退治する側にいる僧侶や武士たちの心の内へも帰還していた。

侍の武威を誇示する愛宕山

古地図を見てみよう。図2は「実測大絵図（後補書題）」に見える愛宕山である。

図2　江戸時代（元禄14年）に描かれた愛宕山。図の中央やや右上端に「月輪寺」がある

一番高いのが愛宕山で、本殿を見ることができる。『都名所図会』によると、光仁《こうにん》天皇の天応《てんおう》元（七八一）年に、慶俊《きょうしゅん》法師が山を開き勧請《かんじょう》したとある。図3は『都名所図会』に描かれた愛宕山である。図2が都（東側）から見た愛宕山であるのに対して、こちらは清滝（南側）から見ている。

また一説として次のような話も伝えている。

鬼たちには、天竺《てんじく》（インド）の日羅《にちら》、唐土《もろこし》（中国）の是害坊《ぜがいぼう》、日本の太郎坊《たろうぼう》という大将がいた。文武《もんむ》帝の大宝《たいほう》元（七〇一）年、役小角《えんのおづの》と泰澄《たいちょう》がこれら鬼を退治すべく、愛宕山の石屋に籠《こ》もって霊験《れいげん》を祈った。

すると地蔵、龍樹《りゅうじゅ》、布留那、毘沙門天が出現し、憤怒尊（愛染明王《あいぜん》）は甲冑《かっちゅう》をつけた将軍の姿で現れた。愛宕山はつねに黒雲がかかっていたが、二人が山頂に登ると黒雲が白雲に転じ、それで白雲寺と名づけた……。

白雲寺とは、現在の愛宕神社のことである。かつては神道と仏教、あるいは修験

図 3　『都名所図会』に描かれた愛宕山。
この『都名所図会』によると、愛宕山の本殿は光仁天皇の天応元年に、慶俊法師が山を開き勧請したとある（『新修 京都叢書 第六巻』臨川書店 366 ～367 頁より）

道などが混じり合っていた時代があった。その時代の呼び名である。それが明治政府によって神道と仏教が分離され、今は愛宕神社と呼ぶ。

甲冑をつけた将軍の姿で現れたのが塞神であろう。この神が山城国と丹波国、あるいは畿内と畿外の堺を守護する。北野天満宮の南にあり、内裏の北西角を守っていた大将軍社も同系統の神と思われる。つまり、重層的に守護しているわけだ。

愛宕山の位置は、すでに第五章の図3で示した。その際、都の北西部は侍が守護を担当していたため、酒呑童子の首塚など武力を誇示する標が付されていることを指摘したが、ここでも同じようなことが言えるだろう。

また崇徳帝を源為朝が護衛している点も武力、つまり侍色が強調されているように思える。そして、この為朝も満仲、頼光同様に清和源氏なのだ。

気がつけば平安京の跡地へ

その崇徳帝を中心に、天皇や貴族、僧侶の御霊たちが世の中を乱す相談をしていたのが月輪寺だとされる。図2、3ともに、頂上の愛宕神社を少し下ったあたりに表記されている。ここで鬼の国の内裏が目撃されたことになる。

先の『太平記』の続きである。

雲景は、その座にいた一人の老山伏に、今後の日本について問いかけた。その答えは詳細で、乱世を予言する内容であった。雲景は案内してくれた山伏に「あの老山伏はどなたですか?」と聞くと「彼が世間で噂されている愛宕山の太郎坊です」と答えた。なおも雲景が天下の争乱について問おうとすると、突然、猛火が燃えさかり、座にいた者たちは七転八倒している。怖くなった雲景は門外へと走り出た。

すると夢から覚めたかのように、大内裏の旧跡にある大庭の椋《むく》の木の下で、正気を失ったまま立っていた。もう夕方であった。宿坊に帰って冷静に考えてみたが、雲景は疑いなく天狗の世界を訪問していたのだと確信する。これは放っておけないと、自身が罰せられる覚悟で詳しく文書に起こし、貞和五年閏《うるう》六月三日と書きつけて、帝へ上奏したのだった。

雲景は夢でも見ていたのだろうか。それとも、本当に天狗の内裏へと連れていかれたのだろうか。私が気になるのは、山伏に声をかけられ、正気に戻ると佇んでいた場所である。そこは、かつて大内裏があった場所であった。

前章でも指摘したが、幕末に白峯神社が配置された場所は、平安京の大内裏から見た際に北野天満宮とは左右対称になる場所であった。

それは、もうすでになくなった平安京の魔界都市プランニングを、都人たちがその後も意識していた証拠である。

僧侶たちが天狗となる理由

鎌倉時代に天狗の世界を描いた『天狗草紙』という絵巻物がある。この絵巻も「続日本の絵巻26」に収められている。このシリーズに掲載されているのは「延暦寺巻」「延暦寺巻詞書」「園城寺巻」「東寺巻」「三井寺巻A・B」で、そのほかにも「東大寺巻」「興福《こうふく》寺巻」「醍醐寺巻」「高野山巻」がある。京都の魔界に直接関係がある巻は、すべてこのシリーズに収められていることになる。

さて、この絵巻群では、天狗はどのように描かれているのだろう。

小松茂美の解説によると、天狗とは中国では流星や山獣を、仏法では夜叉《やしゃ》や悪魔を、日本では修験道と結びついて考えられてきた。だがこの絵巻では、南都《なんと》北嶺《ほくれい》の僧侶のおごりをいう。

その対象となる僧侶たちとは、興福寺、東大寺、延暦寺、園城寺（三井寺）、東寺の僧侶たちで、山伏、遁世《とんせい》の僧侶も入る。だから、すべての巻に寺の名が入っていたのだ。これら絵巻は、どうも十三世紀末ごろには成立していたらしい。

それでは、これら寺の僧侶たちのおごりとは、いったい何を意味するのだろう。「延暦寺巻」によると、延暦寺は天台《てんだい》宗の開祖・最澄《さいちょう》が創設し、しかも平安京を守護する。その調伏する力は第一で、それを寺僧たちはおごっている。慈恵は仏法守護のため魔界の棟梁となり、したがって宗徒は天狗である……と、このように説いている。

たしかに慈恵の名は、先の『太平記』に僧侶の一人としてあがっていた。次頁の図4は「延暦寺巻」に描かれた惣持院にいる天狗だ。惣持院は慈覚《じかく》大師（円仁《えんにん》）が

図4　惣持院の天狗。図の下で翼を広げている（『土蜘蛛草紙・天狗草紙・大江山絵詞』23頁より）

図5　金堂西廊の外壁に描かれた天狗。右上に「金堂水」がある（『土蜘蛛草紙・天狗草紙・大江山絵詞』40頁より）

建造した真言法修道場で、講堂の奥にあったという。

「園城寺巻」によると、園城寺は天智《てんじ》・天武天皇の勅願《ちょくがん》で、東大寺や興福寺より歴史は古い。顕教《けんきょう》、密教、修験道をもって朝廷に奉仕するのは、本寺のみである。そのことを僧侶たちはおごって、天狗になっている。

先の崇徳院が天狗と化した会合では、この寺の頼豪が参加している。図5は「園城寺巻」に描かれた天狗である。場所は、金堂の西廊の外壁の部分で、天狗の横には三井寺の呼び名の元となった御井（絵巻では「金堂水」）が描かれている。

その横には「龍宮城鐘」が見える。これは俵藤太《たわらのとうた》（藤原秀郷《ひでさと》）が、龍神の願いを聞き、百足《むかで》を退治した謝礼としてもらったものとされる。

「東寺巻」によると、東寺は嵯峨天皇が、真言宗の開祖である弘法《こうぼう》大師（空海《くうかい》）に帰依《きえ》して勅賜した寺で修法を駆使《くし》して国家、天皇を守護している。すべての官僧を管理しており、どの寺より勝《まさ》っているとおごった僧侶たちが天狗となっている。

高野山や醍醐寺も真言宗に入る。東寺系でこの崇徳院の会合に参加しているのは、空海から真言の教えを受けた真済、そして高野山で修行した仁海などがいる。

『天狗草紙』は、鬼や天狗を調伏する側にいたはずの、とくに強大な権威を持つ寺の僧侶たちが、朝廷や幕府の保護のもとにおごり始め、天狗になったのだと説く。先も指摘したが、たしかに僧侶の心の中にまで鬼が帰還しているのだ。

そういえば、私たちも日常会話で、何かで得意になっている人を指して「最近、あいつ天狗になっているな」と表現するではないか。

四百年前の守護者が天狗に

慶応四（一八六八）年に発行された「改正京町御絵図細見大成」には、比叡山延暦寺の全貌とともに、観光ガイドも記入されている（図6）。本来は琵琶湖側を向いている延暦寺であるが、この地図のみ京都側に描かれている。

これ以前の古地図に延暦寺が描かれることはほとんどないが、この古地図から描かれ始めるのは、おそらく観光ガイドマップとしての役割が増大したからだろう。

それによると、比叡山延暦寺の寺領は五千石で、桓武天皇の願いにもとづいて伝《でん》教大師《ぎょう》が開基《かいき》し、延暦七（七八八）年に創設したとある。

図 6　幕末の慶応 4 年に描かれた比叡山の全貌。京都側に描かれている。
これ以前の古地図に延暦寺が描かれることはほとんどないが、この古地図から描かれ始めるのは、おそらく地図の観光ガイドマップとしての役割が増大したからだろう

比叡山はちょうど内裏の鬼門にあたるため、ここにも王城守護の役割があった。つまり、ここで鬼を食い止めるわけだ。そしてその後、追い払ったはずの鬼が僧侶の内へと帰還し、天狗へと変身することになる。

愛宕山での会合に参加していた延暦寺の僧は、慈恵である。この慈恵、もともとは天狗退治が得意であった。

『今昔物語集』巻第二十第二にもエピソードが残されている。次のようなストーリーである。

村上《むらかみ》天皇の治世《ちせい》、康保《こうほう》三（九六六）年ごろ、中国は唐の天狗・是害坊が、唐のすべての高僧を降伏させたので「次は日本の高僧たちを」と来日した。

案内役を買って出たのが、愛宕山の太郎坊である。二人は比叡山を目指した。是害坊は老法師に姿を変え、比叡山の高僧たちに近づこうとするが、反対に追いやられ、最後は天台座主の慈恵大師にやられてしまった。

慈恵はこのほかにも、天狗退治に関する逸話《いつわ》がたくさんあるが、この慈恵が、あの崇徳院の会合に出席していたとはどういうことか。

天台宗の教えでは、正も邪も本来は同一であるとの考えから、この慈恵は仏法守護のため、自ら悪魔王の棟梁となったとされる。

この話が九六六年のことで、愛宕山の会合が一三四九年である。十三世紀末ごろには怨霊を祓うのに効果があると、慈恵の魔王に変化した護符が流行したという。ここまではまだ守護の役割を演じていたのだが、十四世紀半ばには、天狗として世を乱す役割を演じることになる。

残念ながら園城寺は、京都の古地図には登場しない。その代わり、文化《ぶんか》二(一八〇五)年に刊行された『近江名所図会』を覗いてみよう(次頁の図7)。それによると園城寺は、天智天皇の孫、大友与多《よた》の創建とある。

天智天皇は六六七年に飛鳥京から大津京《おおつ》へ遷都したが、六七二年に崩御。その後、弟の大海人《おおあま》皇子(天武天皇)と息子の大友《おおとも》皇子が皇位を争い、壬申《じんしん》の乱を起こす。敗れた大友皇子の霊を弔《とむら》うために、その子の大友与多が土地を寄進して創建。天武

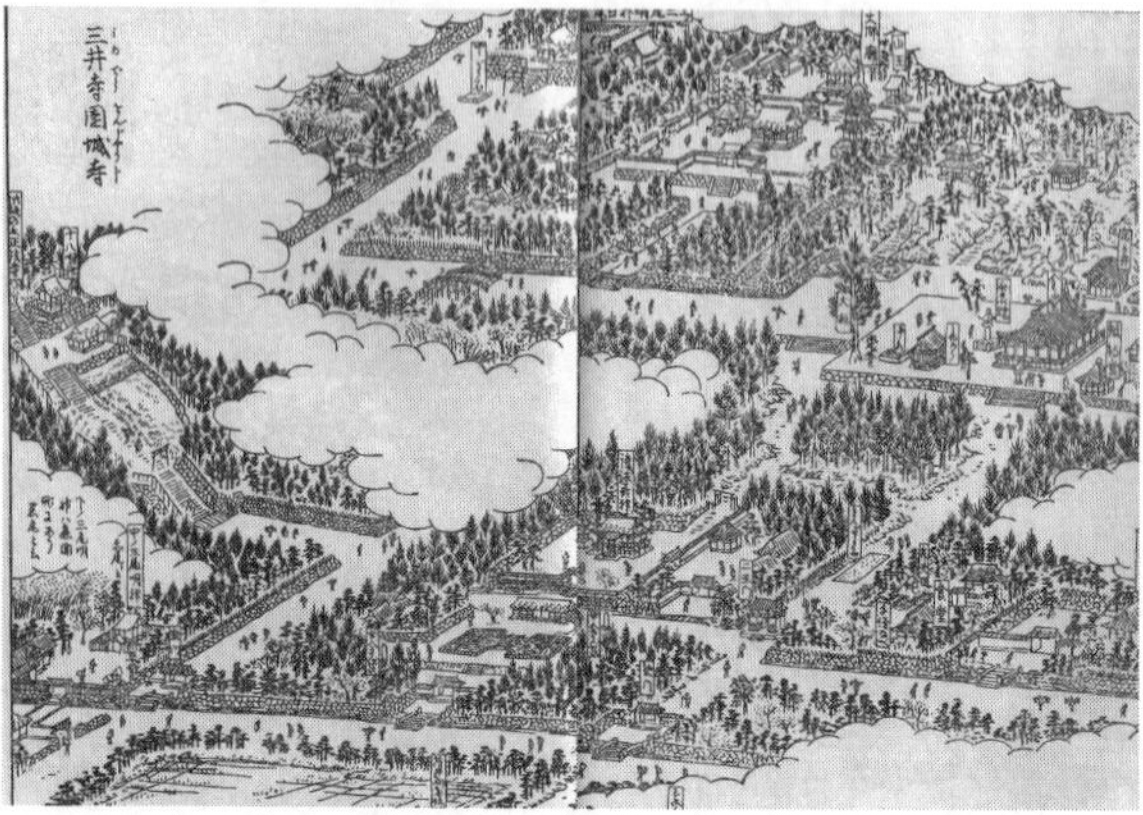

図7　文化2（1805）年の『近江名所図会』に描かれた「三井寺園城寺」。
これによると園城寺は、天智天皇の孫、大友与多の創建とある。
天智天皇の死後、弟の大海人皇子（天武天皇）と息子の大友皇子が皇位を争って、壬申の乱が起こった。
乱に敗れた大友皇子の霊を弔うために、その子の大友与多が土地を寄進して創建したのが園城寺である。寺の名前は天武天皇から賜っている（『近江名所図会』柳原書店、122〜123 頁より）

天皇から園城寺の名を賜《たまわ》る。

三井寺とは、天智・天武・持統《じとう》天皇の産湯とした井戸があったため、御井を三井としたとの伝承もある（図5の「金堂水」）。

持統天皇は天智天皇の皇女で、天武天皇の后でもある。天武天皇が崩御したのちに即位した女帝だ。

貞観年間（八五九～八七七）には智証《ちしょう》大師・円珍が天台別院として中興《ちゅうこう》し、ここで東大寺、興福寺、延暦寺とともに南都北嶺の大寺となった。

天台宗の分裂で生まれた怨霊

円珍の死後、派閥争いが起こり、この一派は比叡山を下り三井寺へ入る。以降、延暦寺を山門、三井寺を寺門とし、天台宗は二分する。延暦寺との仲は険悪で、何度も延暦寺の僧兵による焼き討ちにあっている。

とくに戒壇《かいだん》、つまり戒律を受ける儀式をおこなう壇の資格をめぐって、両寺は争いを続けてきた。

天台宗が分裂したことで、延暦寺で受戒できない三井寺の僧が、三井寺での戒壇設立許可を朝廷に申請するたび、この争いが生じている。

崇徳院の会合に名前があがっていた頼豪は、この園城寺の僧だ。『太平記』巻第十五「園城寺戒壇の事」には、次のような話がある

白河院の時代に、霊験あらたかと評判の三井寺の頼豪が、皇子誕生のお祈りを命じられた。頼豪が懸命に祈ると、承保元《じょうほう》（一〇七四）年十二月十六日に皇子が誕生した。

感嘆《かんたん》した白河院は「何でも褒美《ほうび》をやろう」と仰《おお》せられた。しかし、頼豪は自身の出世をいっさい望まず、園城寺の戒壇造立の許可を願い出た。

院は戒壇の許可を出したが、それを聞いた延暦寺が黙《だま》っていなかった。延暦寺は各僧坊の説教を停止し、鎮護国家の祈りも停止した。これを無視できなかった朝廷は、戒壇の許可を撤回《てっかい》した。

怒った頼豪は、百日も髪を剃らず爪も切らず、護摩を焚き続けた。炎に骨を焦《こ》が

し「願わくば、生きながら大魔王となって、帝の身体を悩まし、延暦寺の仏法を滅ぼしたい」と恨みの焔《ほむら》を燃やしながら、ついに壇上で死亡した。

その怨霊が、頼豪自身が祈って産ませた皇子を、まだ母親の膝の上を離れられない年頃にとり殺してしまった。

そこで今度は、延暦寺の僧を招いて皇子誕生の祈りをさせた。すると承暦《じょうりゃく》三（一〇七九）年、皇子が誕生した。延暦寺の加護が厳重だったので、頼豪の怨霊も近づけなかったのだ。

その後、頼豪の亡霊は鉄の牙、石の身なる八万四千の鼠《ねずみ》となって比叡山に登り、仏像、教典を食い破った。これを防ぐ方法はなく、頼豪を一社の神として崇め、その怨念を鎮めた。


先の『近江名所図会』や『伊勢参宮名所図会』には、延暦寺ガイドのあとに「鼠秀倉」としてほぼ同様の話を紹介している。頼豪が護摩を焚きながら口から数多の鼠を吐き出す絵も載せている（次頁の図8）。

図 8　『伊勢参宮名所図会』に描かれた頼豪の怨霊。頼豪が護摩を焚きながら、口から数多の鼠を吐き出している場面である。
頼豪は、延暦寺と白河院を恨みながら死んでいった。怨霊となった頼豪は、頼豪自身が祈って産ませた皇子を、まだ母親の膝の上を離れられない年頃にとり殺し、帝への恨みを晴らした。
さらに頼豪は、鉄の牙、石の身なる八万四千の鼠となって比叡山に登り、延暦寺の仏像、教典を食い破ったという（『伊勢参宮名所図会』臨川書店、618～619 頁より）

また鳥山石燕の『画図百鬼夜行』(一七七六年)にも、お経を食いちぎっている鉄鼠という妖怪が、絵で紹介されている。これは文庫化もされているので、手に入れやすい。

三井寺は山城四堺で、畿内の四至の一つでもある。会坂堺(現在の逢坂峠)を東へ、つまり畿外へと下ったところにある。

そしてそこは、あの安倍晴明が、泰山府君の祭をおこなったところでもあった(第五章の図4参照)。つまり、国境地帯に相当し、鬼が道を伝って侵入するのを防ぐ場所でもあるのだ。

その防ぎ方には色々とあるが、ようするに鬼が出入りする場所なのだ(次頁の図9)。そこに三井寺がある。ここでも追い払ったはずの鬼が、追いやった当人の内面へと帰還しているのだ。

古地図が示す東寺の存在意義

最後に東寺を古地図で見てみよう。

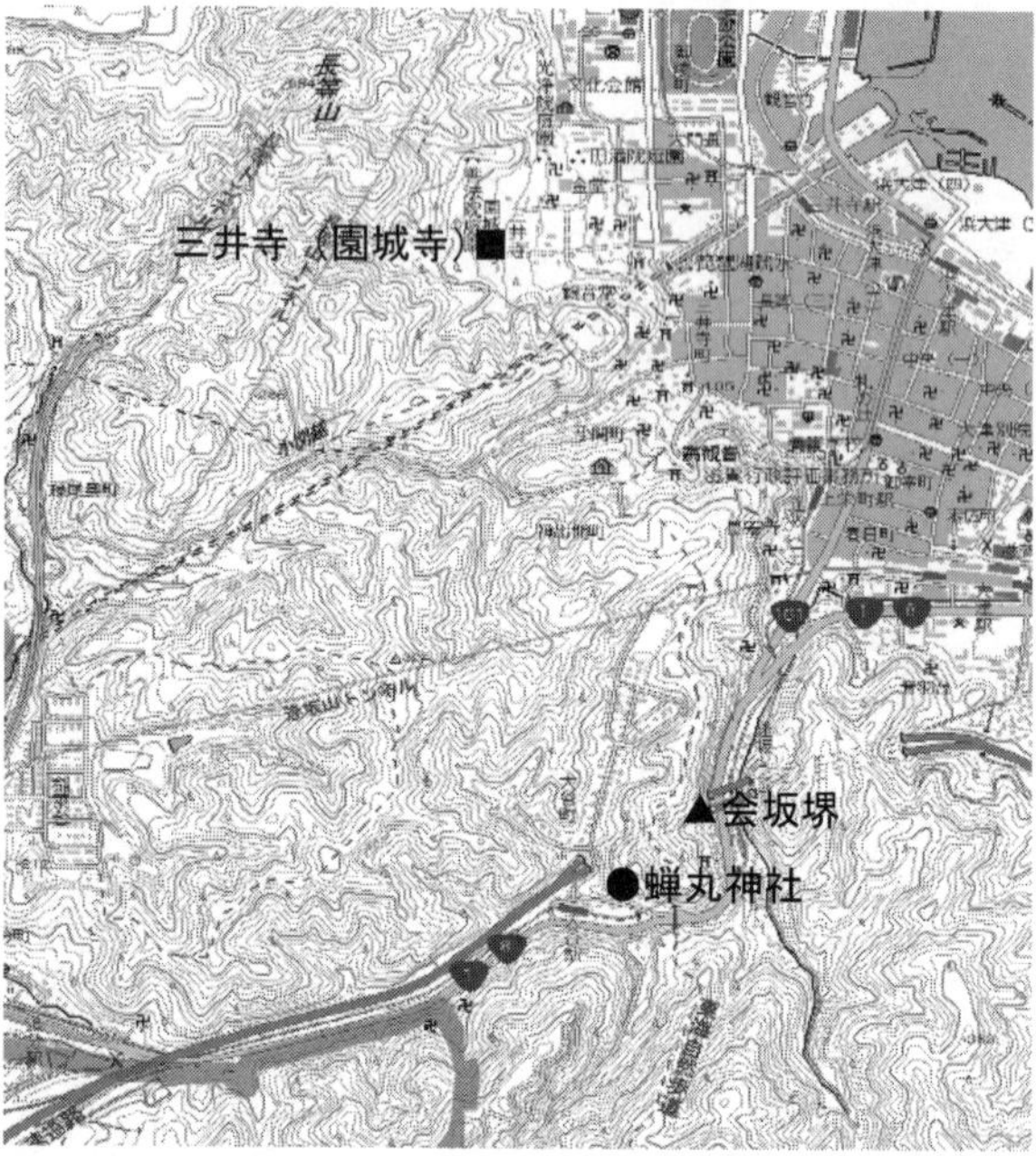

図9　現在の地形図に見る三井寺（園城寺）の位置

次頁の図10は寛保元（一七四一）年の「増補再板京大絵図坤」に見る東寺である。本図は江戸中期の京都を代表する出版社（寺町二条に店をかまえていた）から出された地図である。

町家が白抜きで、御所や二条城の絵画風な描写はなくなったが、主要な寺社はまだ絵画風に描かれている。したがって東寺は立体的に描かれているわけだ。

また観光マップとして充実していく時期で、やはり東寺の解説も記入されている。それによると「東寺は弘仁十四（八二三）年正月、嵯峨天皇がこの寺を弘法大師に賜う」とある。

この東寺からは、真済が崇徳院の会合に出席していた。

『今昔物語集』巻第二十第七に次のような話がある。

文徳天皇の母である染殿《そめどの》（史実は清和天皇の母）は非常に美人で、物の怪にとりつかれることが多かった。いろいろと祈祷するが効かず、大和の葛城山で評判の僧を頼んで調伏してもらった。

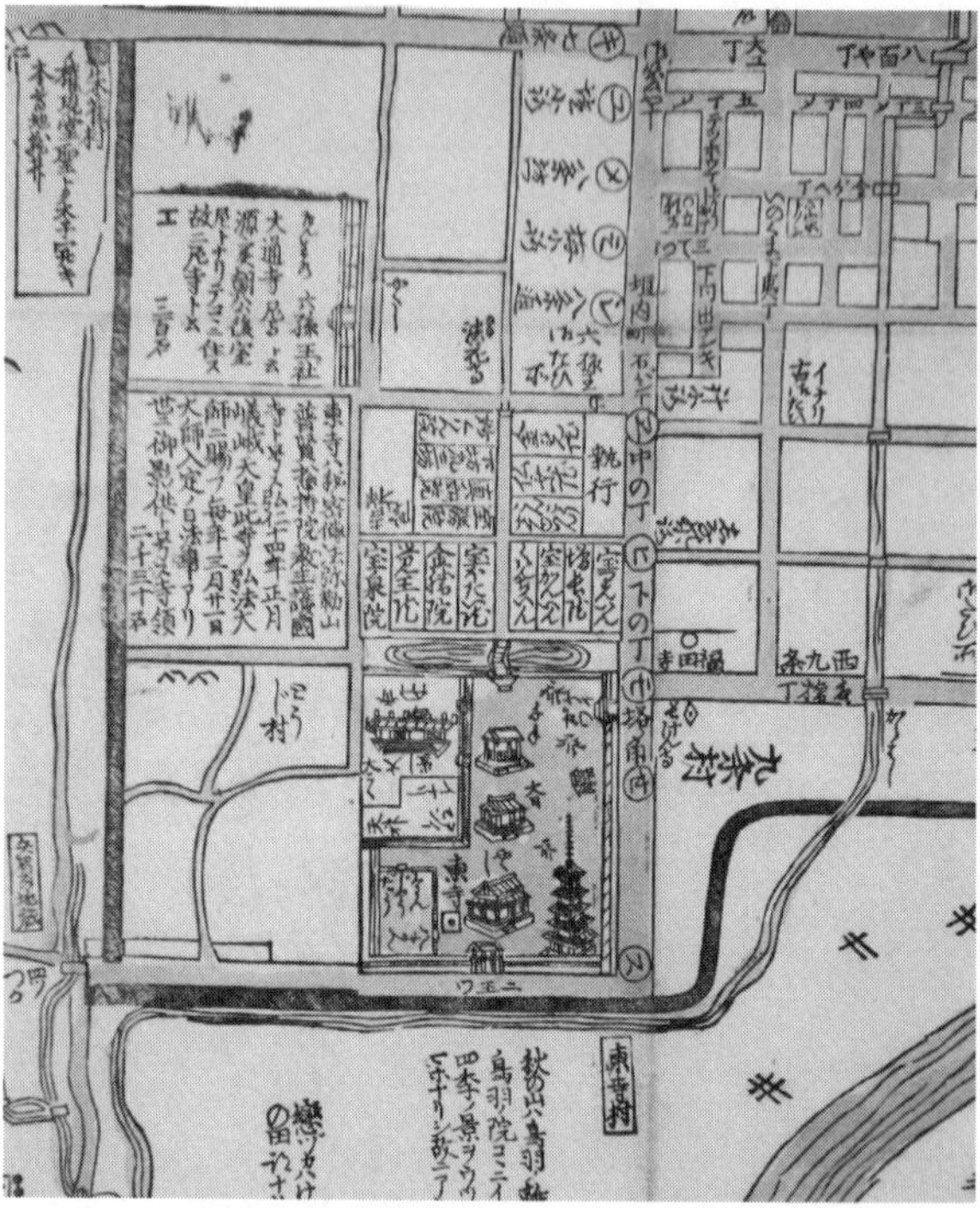

図10　江戸時代（寛保元年）に描かれた東寺。図の中央やや下にある。
東寺の下にある太い線は御土居で、江戸時代になっても東寺は都の南端にあったことがわかる

だが、その僧が后に恋をし、ついには餓死《がし》して鬼となってしまう。

『古事談』ではこれが真済となっており、そこでは真済が天狗と化してしまうのだ。これに関係する話がまだある。この清和天皇の母である染殿とは藤原明子《めいし》のことで、清和天皇が文徳天皇の第四子でありながら皇位を継承するのは、藤原家の勢力もあってのことだった。

そこには当然、政争があった。その相手が第一子の惟喬《これたか》親王だった。『平家物語』によると、この政争に決着をつけたのは、惟喬親王側の真済と惟仁《これひと》親王（清和天皇）側の恵亮《えりょう》の呪術争いであったとされる。そこで真済は負けた。

このことが、この話に絡んでいるのだろう。つまり、真済も権力争いの敗者なのである。

古地図に見る東寺の場所だが、現在はＪＲ京都駅の南に見える。町中にあり、コンクリートと近代的な建物に囲まれ、車のとおりも多い。つまり現地に行っても、なぜここに鬼の国の入り口があるのかが不明なのだ。

ところが、古地図を見れば明らかになる。

じつは東寺は、平安京の羅城門のすぐ東にあったのだ。つまり、鬼が全国から集結する羅城門に、東寺は隣接していたのである（第参章図8参照）。

すべてが魔界京都へと帰結する

古代において羅城門は、疫神祭を執《と》りおこなうもっとも重要な場所の一つであったことは、すでに述べた。

図10は江戸時代の地図であるが、東寺のすぐ南に黒く太い線が見える。これは秀吉が都防御のために築いた城壁、御土居である。江戸時代になっても、都の南の境界に位置しているのだ。

さらに古地図から明らかになる点がある。それは、その御土居の南を流れる川である。

この川を北へと遡ると、どこへ行くのか。この川は再度、私たちを一条戻橋へと誘う。そしてこの川が貴船や鞍馬へと向かうことは、もうすでに色々なところで述べてきた。

つまりここは、全国からは道を伝って、北の貴船や鞍馬からは水路を伝って、そして愛宕には空を渡って魔界へと結節しているのだ。国家、天皇を守護し、すべての官僧を管理する東寺が坐すに相応しい場所といえる。

再び第四章の図2を見ていただきたい。鬼が円を描くように、出たり入ったりする図である。

そこに羅城門もある。傍に東寺があり、僧が鬼を防ぐ。外へ外へと送り出す。しかし、気づくと鬼は帰還していたのだ。外部世界にいる鬼というよりも、内部世界にいる私たち自身の鬼として……。

第八章

百鬼夜行の到来

『百鬼夜行絵巻』（真珠庵本）より

庶民を魔界に引きずり込む古道具

これまで紹介してきた物の怪たちは、壮大な神話的世界である根国底之国や、貴船や鞍馬などの鬼の国、天狗の内裏のような、特殊な階層の人たちが遭遇する魔界にいた。庶民は安全圏にいたといっていい。

しかも、鬼や怨霊を食い止めるための術も、畿内と畿外の境界、山城国の四堺、羅城門や朱雀門、建礼門で、律令《りつりょう》国家がしかるべくやってくれた。これを見ても、鬼たちが目指すのは、政治の中心にいる人たちなのだ。間違いなく庶民ではない。

さらには、鬼たちを接待、あるいは調伏、退治する専門家たちもいる。神官や陰陽師、僧侶や山伏、そして侍たちだ。このような職業にさえ就《つ》かなければ、私たち庶民は、やはり安全だ。

ただし、畿内や平安京に住んでいる庶民が、疫病や災害に巻き込まれることはあった。それは、まあ仕方ないだろう。今だって同じだ。

私たちの内面から発生する鬼たちにしても、よく考えてみれば、政治の中心にいる人たちの問題である。御霊は、その典型だ。中央政治の権力闘争にさえ巻き込まれなければ、やはり安全なのである。

同じく、それらを食い止める専門家たち、僧侶や武士たちの内面からも鬼は発生した。ただそれは、そんな恐ろしい仕事に関わるからである。やはり私たち庶民は、安全圏にいるのだ。

ところが、だ。一般庶民の世界にも、鬼たちが迫ってくる時代が到来する。付喪《つくも》神《がみ》の登場である。付喪神とは、いったい何か。室町時代に書かれた『付喪神記』を見てみよう。

道具は百年を経ると魂を得る。そして化け物となり、人の心をたぶらかすようになる。これを付喪神と呼ぶ。だから世間では毎年、春を前に、家にある古い道具を道端に捨てるのだ。これを煤払《すすはら》いと呼んでいる。それは百年を経た道具の化け物にたぶらかされないためである。

捨てられた恨みを晴らすべく……

なるほど、大掃除にはそういう意味があったのだ。たしかに、これは庶民のあいだでも起こることだ。しかし、百年経たないうちにそれら道具を捨ててしまえば、対処できるではないか。それだけなら、たいしたことはない。まだ続きがある。

康保年間（九六四〜九六八年）のことである。洛中洛外の家々から捨てられた道具たちが、一ヵ所に集まって何やら語り合っている。

「我々は長年、人間に奉公してきたにもかかわらず、路上に捨てられて牛馬に踏《ふ》まれる有様《ありさま》だ。なんと恨めしいことか。だから化け物となって、人間たちに復讐《ふくしゅう》しようではないか」

古くなって捨てられた数珠《じゅず》が皆を止めたが、誰も聞きやしない。捨てられた古文書が言った。

「節分は陰と陽が反転するときだ。このときをとらえれば、我々道具も魂を得て、化け物となれるだろう」

古道具の世界でも、仏教の僧侶らしき数珠がいたり、陰陽博士らしき古文書がいるらしい。その後、どうなったか。

節分の晩がやってきた。すでに百年を経た彼ら古道具が念じると、ある道具は人間の姿に、ある道具は鬼の姿に、ある道具は狐《きつね》や狼《おおかみ》など獣の姿に化けおおせた。

化け物たちは、住む場所を京の北西にある船岡山の後ろ長坂《ながさか》の奥と決めた。そこから京・白川《しらかわ》へと出没して、捨てられた恨みを晴らすべく、人間や牛馬などの家畜《かちく》を取って食べた。人々の目には見えないので対処のしようがなく、神仏に祈るだけだった。化け物は肉の城を築き、血で泉をつくり、酒盛りをした。

これは恐ろしい。しかも古道具を捨てることが原因であるから、私たち庶民も逃れられないではないか。これは現代のゴミ問題とも絡《から》んでくる。

じつは私たちのエコロジーは、心の問題だとする考えもある。ついに私たち庶民の内面にまで、鬼は帰ってきてしまったのだ。

図1はこの『付喪神記』を絵巻にしたと思われる『付喪神絵巻』だ。この恐ろしい宴会の場面を描いている。

付喪神が陣取った長坂とは何処か

さて、古道具の化け物たちが住むと決めた船岡山の後ろ長坂の奥とは、いったいどこのことなのだろう。

船岡山については、第弐章の図5ですでに紹介した。頼光塚のあった上品蓮台寺の東に見える小高い丘である。その上品蓮台寺と船岡山のあいだをとおる千本通を北に行き、秀吉のつくった御土居の北西角を出るところを長坂口という（次頁の図2）。いわゆる京の七口の一つである。ただし、実際は七つ以上あるが。

京都では、このように主要街道が御土居を出る箇所を口と呼んだ。そして、この道をさらに北へたどると、長坂越をとおって丹波国へと出、さらに若狭《わかさ》国と結ぶ。

図 1　『付喪神絵巻』（岐阜崇福寺所蔵）に描かれた小道具の化け物。
洛中洛外に捨てられた小道具たちは、節分の晩、人間、鬼、狼、狐など獣の姿に化けた。
捨てられた恨みを晴らすべく、人間や牛馬などの家畜を取って食べたという。
上の絵巻は、まさにその場面である（『御伽草子絵巻』角川書店、90 頁より）

図 2　京の七口（実際は七つ以上ある）。長坂口は図の左上にある（『京都歴史アトラス』89 頁より）

彼ら古道具の住んだとされる長坂とは、この長坂口をいうのか。それとも、さらに奥の長坂越をいうのか。確実なことは不明である。

ただし、この事件のあった康保年間（九六四～九六八年）、あるいは『付喪神記』が書かれた室町時代に、御土居はまだない。ということは、長坂とは長坂越、つまりさらに山奥へと街道を入った長坂をいうのだろう。

そこを古地図で探してみると、寛保元（一七四一）年の「増補再板京大絵図乾」にのみ、長坂の表記が見える（次頁の図3）。

では、この長坂も、今まで見てきたような、鬼や妖怪の住むべき場所、つまり道饗祭がおこなわれるような要素を持つ場所だったのだろうか。

長坂越の登り口付近に、本尊を地蔵大菩薩《ぼさつ》とする讃州寺《さんしゅうじ》がある。縁起によると、この地蔵大菩薩、不動明王、多聞天《たもんてん》の三尊は、その昔、弘法大師が王城守護のためにつくり、都の四方に一体ずつ置いたものだとある。

また鎌倉末期には、長坂に関所が置かれていたこともわかっている。であるなら、まさに王城の境界守護の地、つまり道饗祭同様の性質を持つ場所ということになる。

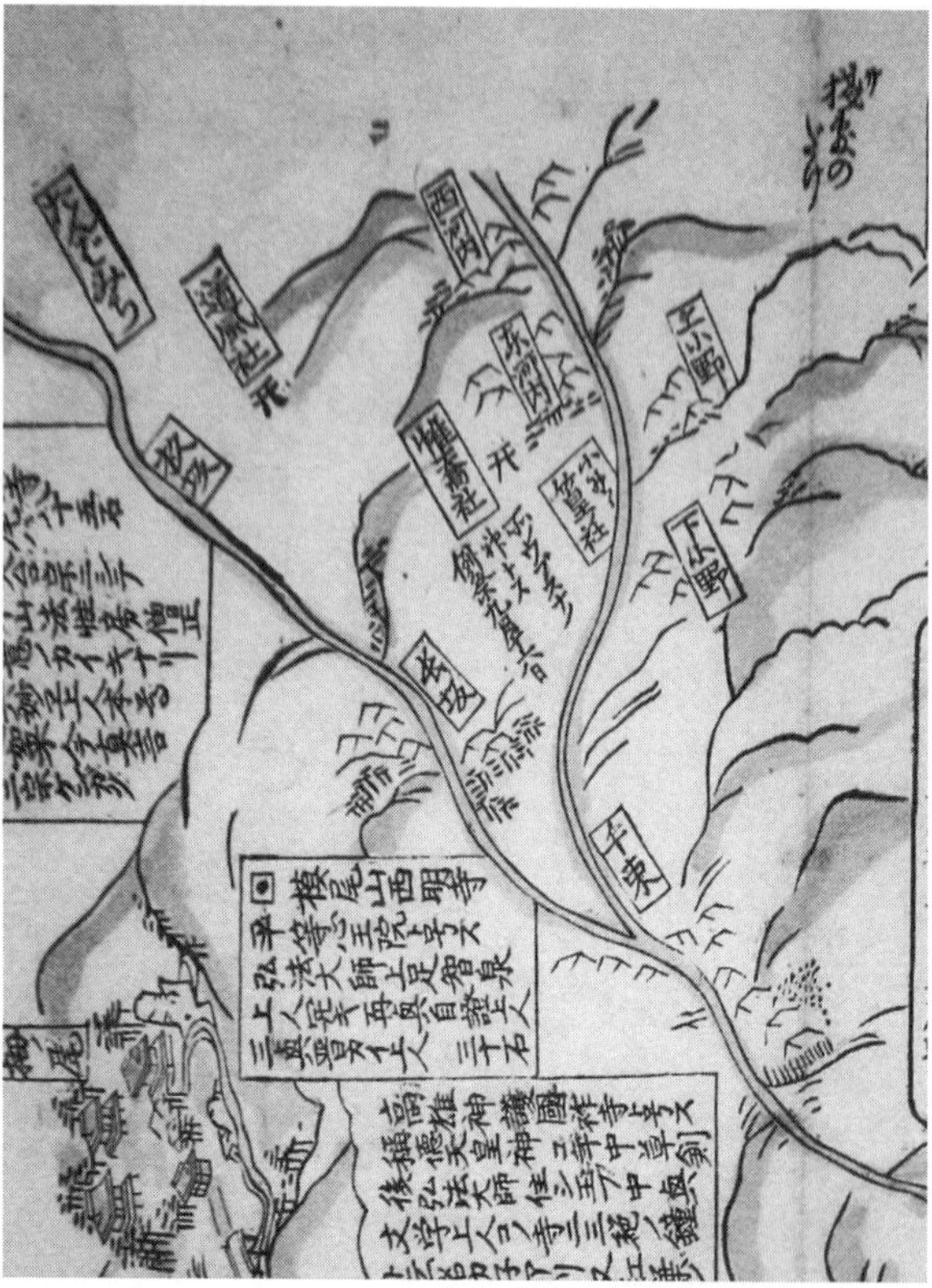

図 3　寛保元年の「増補再板京大図会乾」に見る長坂

さらに長坂越を過ぎたところに京見峠《きょうみ》がある。お馴染みの『太平記』第巻十七に、次のような記事が見える。

北丹波道へは、大覚寺《だいかく》の宮を大将とし、額田左馬助が遣《つか》わされる。総勢三百余騎。白昼に京の町中を打ちとおって、長坂に打ち上がる。嵯峨、仁和寺、高雄《たかお》、栂尾《とがのお》、志宇知、山内、芋毛、村雲の者どもが馳せ集まって、千余騎が京の町を見下ろし、京見峠、嵐山《あらしやま》、高雄、栂尾に陣を敷く。

時は延元《えんげん》元（一三三六）年六月、状況は流動的だ。足利尊氏《あしかがたかうじ》が京を占拠している。それを新田義貞《にったよしさだ》の勢力が奪おうとしている。新田勢は宗教勢力を味方にし、その軍勢が長坂を登り、京見峠に陣を敷いている場面だ。

つまり、こういうことだ。長坂を登って京見峠に陣を敷けば、京の町は丸見えなのだ。彼らはそのような格好の場所を押さえた。そして、そこから京の様子を見て、臨機《りんき》応変《おうへん》に攻めればいい。ここはそのような場所ということだ。

京の庶民に仕返しをしようとした古道具たちが陣取った長坂とは、実際に歴史上にも登場する京を攻めるにはうってつけの場所だったのだ。

化け物から身を守る尊勝陀羅尼

『付喪神記』に戻ろう。その後の彼らはどうしたのか。

あるとき、化け物の中にこんなことを言う者がいた。

「私たちの国は神の国である。だから私たちも神社をつくって、祭礼をおこなおうではないか」

そこで化け物たちは、この山の奥に社を建て「変化大明神」と名づけ、四月五日の真夜中に、一条通を東に向かう祭礼行列を催すことにした。

祭礼の最中である。時の関白が臨時に参内しようと、達智門《たっち》を目指して一条通を西に向かっていた。そこで、この化け物の行列と鉢合せとなってしまった。

さて、彼らはどのルートで一条通へと侵入してきたのだろう。考えられるルートは二つある。

一つは、長坂からじかに一条通に通じている千本通をとおるルートだ。千本通とは平安京の南北の中心軸である。南へ真っ直ぐ下れば大内裏をとおり朱雀門、朱雀大路、羅城門に至る。鬼たちの出没場所を貫くルートだ。

しかし彼らは大内裏へとは入らず、一条通を東へ進んだ。そして大内裏の北東門にあたる達智門（第参章図4参照）で、関白に遭遇したのであった。

もう一つは、あの貴船の鬼たちが水流を伝って一条戻橋下から躍り出た、川を経るルートである。長坂のある谷には紙屋川が流れている。貴船の水流が戻橋の下へと流れ込む東堀川であるなら、この紙屋川は北野天満宮、そして大将軍社の脇をとおって西堀川となる（第六章図5参照）。

つまり大内裏を中心に、左右対称の位置にあるわけだ。ここでも平安京の、大内裏を中心とした都市プランに合致する。そう考えれば、なぜ彼らが長坂を拠点としたのかも了解できる。平安京の魔界都市プランに従ったのだ。

ところで、彼らはなぜ一条通を東へと向かったのだろう。図4はその祭礼行列の様子である。おそらく賀茂祭を真似たのだろう。

当時の賀茂祭の祭礼行列は、一条大路を下鴨神社へと向かった。かの有名な『源氏物語』で、葵《あおい》の上《うえ》と六条御息所《ろくじょうみやすどころ》がこの祭を見物するための場所争いは、この一条大路で起こった。また、次のような話も『宇治拾遺物語』に残っている。

今は昔、一条大路の桟敷屋《さじきや》である男が遊女と寝ていると、夜中に風が吹き、すさまじい雨となった。そんな中、一条大路に「諸行無常」と歌いながら過ぎていく者がいる。何者かと思って蔀《しとみ》を開けてみると、背丈は桟敷屋の軒《のき》まであり、馬の頭をした鬼ではないか。あまりの恐ろしさに、男は蔀を閉めて奥に隠れた。

すると、この鬼は格子を開けて、顔を桟敷屋に押し入れて「よくも見ましたね」と迫ってきた。女を庇《かば》って刀を抜き「入ると斬るぞ」と構えると、また「よくも見ましたね」と言って去っていった。男は、これが百鬼夜行かと思うと恐ろしくて、もう二度と一条大路の桟敷屋には泊まらなかった。

図 4　『付喪神絵詞』に描かれた小道具の化け物たち。これは一条通の祭礼行列の様子である。
化け物たちは長坂の奥に社を建て「変化大明神」と名づけ、四月五日の真夜中に、一条通を東に向かう祭礼行列を催すことにしたという（『別冊太陽 170 妖怪絵巻』101 頁より）

この一条大路の桟敷屋とは、賀茂祭の祭礼行列を見るための建物のことである。この賀茂祭は現在、葵祭として知られている。じつはこの男も、古道具の化け物行列を目撃したのではないか。

さて、この男は助かったようだが、あの関白はどうなったのだろう。『付喪神記』の続きである。

化け物の行列に出会ってしまった関白の行列は、妖気にさらされて先頭を行く家来たちが次々と倒れていく。しかし、関白だけは動じず、御車《ぎょしゃ》の中から化け物を睨みつけた。すると、お守りに身につけていた尊勝陀羅尼が火炎を噴き、化け物たちに襲いかかった。化け物たちは火炎を恐れて逃げてしまった。

なんとか関白も助かったようだ。お守りに尊勝陀羅尼をつけていると効果があるらしい。第壱章でも、神泉苑の北門で鬼に遭遇した常行は、同じお守りをつけていたので助かっている。

この『付喪神記』によると、その後この事件を知った天皇が、真言密教の僧に調伏を命じ、その結果、護法童子が化け物たちの棲家へと攻め入り降伏させる。

仏法に帰依することで許してもらった化け物たちは、最初に彼らを諫めた数珠に導きを乞《こ》い、出家し、修行ののち、最後は成仏《じょうぶつ》するという展開となる。どうも神道に分が悪く、仏教の中でも真言宗に肩入れした物語のようだ。

百鬼夜行と邂逅した男

一条大路の桟敷屋で馬の頭の鬼を目撃した男が「これが百鬼夜行か」と言ったが、それはどのような鬼をいうのだろう。

私の手元に『百鬼夜行絵巻』という一連の絵巻がある。この絵巻については、さまざまな出版物があるので、図書館でも本屋でも手に入れることができるだろう。

ただし、この絵巻は絵のみで物語はない。この絵巻も室町時代に成立したと考えられている。

この中でもっとも有名な「真珠庵本」（次頁の図5）が、道具の化け物たちを描いているとことから、じつはこの『付喪神記』を絵画化したのではないかとの見解もある。であるなら、この絵巻の舞台も一条大路ということになるのだろうか。

実際、現在の一条大路・大将軍商店街には、これら付喪神のオブジェがあちこちに飾られている（写真1）。今となっては、彼らも町おこしに役立っているのだ。

いずれにせよ、特殊な階層を襲う鬼だけだったのが、道具が化ける付喪神が加わることによって、多種多様な妖怪たちが、私たち庶民をも訪ねて京の町に出没するようになる。

しかしながら、どうも出没する場所は昔から変化しないようだ。一条大路には、あの戻橋をはじめ、大将軍社もあり、それぞれの北に北野天満宮や白峯神社が配置されている。

また、それぞれを通過する堀川を遡れば、かたや貴船と鞍馬、かたや長坂へとつながるのだ。それらの背後には、これまたそれぞれ比叡山や愛宕山が控えている。

私たち庶民のもとへも、新しいタイプの妖怪が帰還することになってしまった。だが、その帰還ルートはこれまでと同じように、一条大路の背後に重層的に展開す

図5　『百鬼夜行絵巻』（真珠庵本）に描かれた付喪神の行列（『百鬼夜行の世界』角川学芸出版、12頁より）

写真1　大将軍商店街にある付喪神のオブジェ（著者撮影）

る魔界を踏襲《とうしゅう》して帰ってくるのだった。

白川から一条大路への夜行

しかしながら、新しい展開も垣間見える。それは彼ら付喪神が、長坂から侵入して庶民に捨てられた仕返しをする場所である。具体的に細かい場所は書かれてないが、京・白川とあるのが気になる。

ここでいう白川とは、いったいどこのことを指すのだろう。

江戸時代の地誌『山城名勝志』（一七一一年）によると「古へ白川と号する地は、浄土寺村の北、今の白川村より、鴨河の東に限り、九条あたりまでを白河という」とある。この範囲を古地図で確認してみよう。

図6は、この『山城名勝志』が刊行された時代に近い古地図で、先にも使用した寛保元（一七四一）年の「増補再板京大絵図乾」である。図6は上が東なので、浄土寺村の北に白川村があるのがわかる。

両村のあいだを流れるのが白川で、その源流は比叡山と如意ヶ岳《にょいがたけ》のあいだという

図6　江戸時代（寛保元年）に描かれた「白川村」と「浄土寺村」

から意味深である。

古地図によると、この白川は四条通の北あたりで鴨川に合流する。白川という地区が白川流域を指すのであれば、せいぜい南は四条までだ。しかし『山城名勝志』は九条あたりまでとある。

白川村は一条通の延長線上にあり、羅城門や東寺が九条通となるので、かつては鴨川以東の平安京と同規模の範囲を指していたことになる。つまり、この新しい京都魔界も、やはり平安京を基準としているのであった。

興味深いのは、この付喪神たちは一条通までは接近できたのだが、そこから平安京内には侵入できなかった点だ。おそらく祭礼行列のように、一条大路を東へ向かい鴨川を渡って、ここでいう白川あたりで跋扈せざるを得なかったのであろう。

ということは、あの一条大路に居並ぶ疫病神封じの装置たちが、それぞれ機能していたことになる。

白川の開発は、平安前期の藤原氏よる。承保元（一〇七四）年に藤原氏から白河上皇にこの地が献上《けんじょう》されてから、法勝寺《ほっしょうじ》を皮切りに尊勝寺、最勝寺、円勝寺、成勝寺、延勝寺の六勝寺《りくしょう》ができ、白河上皇の院御所、白河南殿が嘉保《かほう》二（一〇九五）年、白河北殿が元永元（一一一八）年につくられている（次頁の図7）。

その後、この地は都人の葬送の地ともなり、白川に人が住むようになるのは、鎌倉末期から南北朝の時代になってからのことである。

おそらく、付喪神たちが白川に出没するようになったのは、この鎌倉末期からではないか。なぜなら、彼らの目的は都人への復讐だからだ。

鎌倉末期に魔界化した東山

じつは、この鴨川以東の広い範囲、いわゆる東山と呼ばれる地域は、その後の京都魔界空間のメッカとなる。

これら新規の妖怪、付喪神の行動範囲が、その後の京都の魔界空間に影響を与えたのだろう。少し思いつくだけでもこれだけある。

神楽岡《おか》、御辰稲荷《おたついなり》、知恩院《ちおんいん》、八坂神社、八坂の塔、将軍塚、六道珍皇寺《ろくどうちんのう》、三年坂《さんねんざか》、清水寺、鳥辺山《とりべ》、耳塚、三十三間堂《さんじゅうさんげんどう》、法住寺《ほうじゅう》……。

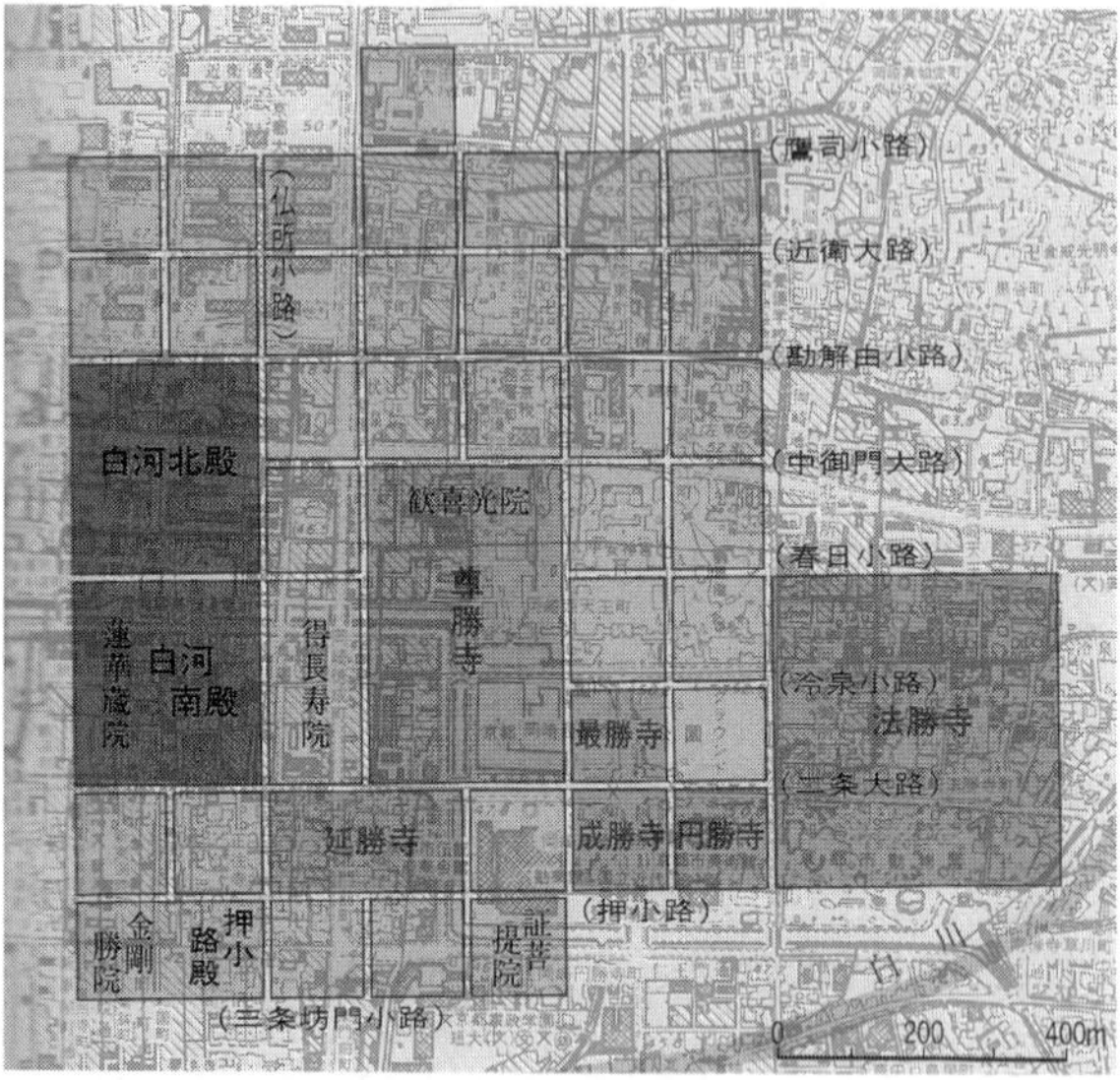

図7　白川北殿・南殿と六勝寺（『京都歴史アトラス』37頁より）

これら魔界を紹介したいところだが、これらの詳細は今までに出ている魔界ガイドブックに譲ろう。おそらく、付喪神がこの地に展開してから、これら魔界の多くも生じたのであろう。

私たちの魔界空間の展開は、私たちの土地開発と密接に関わっている。それは第弐章でも見たように、古代国家の東征、つまりは開発のプロセスと密接に関わっているのだ。人間が住む土地である限り、魔界はそこにつき従うのだった。

本作品は当文庫のための書き下ろしです。

佐々木高弘（ささき・たかひろ）
1959年、兵庫県出身。京都学園大学人間文化学部歴史民俗学専攻教授、国際日本文化研究センター共同研究員。大阪大学大学院博士課程中退。専攻は文化地理学、歴史地理学。
主な著書に『民話の地理学』『怪異の風景学』（以上、古今書院）、共著に『記憶する民俗社会』（人文書院）などがある。

小松和彦（こまつ・かずひこ）
1947年、東京都出身。国際日本文化研究センター所長。埼玉大学教養学部教養学科卒業、東京都立大学大学院社会科学研究科（社会人類学）博士課程修了。専攻は文化人類学、民俗学。
主な著書に『京都魔界案内』（光文社）、『百鬼夜行絵巻の謎』（集英社）、『神隠しと日本人』（角川書店）、『日本妖怪異聞録』（講談社）など多数ある。

だいわ文庫

京都妖界案内《きょうとようかいあんない》

著者　佐々木高弘《ささきたかひろ》
監修　小松和彦《こまつかずひこ》

二〇一二年六月一五日第一刷発行

発行者　佐藤　靖
発行所　大和《だいわ》書房
東京都文京区関口一－三三－四　〒一一二－〇〇一四
電話　〇三－三二〇三－四五一一
振替　〇〇一六〇－九－六四二二七

装幀者　鈴木成一デザイン室
本文デザイン　MORNING GARDEN INC.（田中正人）
本文印刷　シナノ
カバー印刷　山一印刷
製本　小泉製本

ISBN978-4-479-30388-6
乱丁本・落丁本はお取り替えいたします。
http://www.daiwashobo.co.jp